Моему Учителю
Михаэлю Лайтману

Винокур Семён
Битва Авраама / Семён Винокур – Laitman Kabbalah Publishers, 2017. – 208 с.
Напечатано в Израиле.

Vinikur Semion
Bitva Avraama / Semion Vinikur – Laitman Kabbalah Publishers, 2017. – 208 pages.
Printed in Israel.

ISBN 978-965-7577-75-2
DANACODE 760-120

Роман-прича «Битва Авраама» – попытка реконструировать драматические события начала жизни одного из самых известных героев в истории человечества.
Но вместе с тем, это глубокий рассказ о каждом из нас.

Книга написана на основании «Большого комментария» («Мидраш Раба»), произведений РАМБАМа – великого мудреца 12 века, трудов римского историка Иосифа Флавия, а также благодаря беседам автора со своим Учителем и его собственным ощущениям и предположениям.

Книга предназначена для широкого круга читателей.

ISBN 978-965-7577-75-2
DANACODE 760-120

© Винокур С., 2017.
Copyright [c] 2017 by Laitman Kabbalah Publishers
1057 Steeles Avenue West, Suite 532
Toronto, ON M2R 3X1, Canada
All rights reserved

Семён Винокур

БИТВА АВРААМА

роман-притча

2017

Оглавление

Книга первая. Начало 9
  Звезды говорят 10
  Башня до небес 11
  Гений Шелах 14
  Мы победили богов! 18
  Родиться, чтобы умереть? 21
  Месть жреца 23
  Кубок с ядом 25
  Мальчик и боги 27
  Пустые небеса 30
  Рождение Звезды 32
  «И малое дитя поведет их...» 35
  Бойня 40
  Почему человек убивает? 43
  Спасение 47
  Неотвратимая встреча 50
  Открытие Аврама 54
  Мы жили одной семьей 57
  Погоня 60
  Ожидание, откровение 66
  Новый бог Вавилона 70

Книга вторая. Возвращение 73
  Добрая весть 74
  Поединок 76
  Творец и глиняные болванчики 79
  Потому что нет справедливости... 90
  И снова глиняные боги 97
  Башня превыше всего 100
  Вредители 106
  Судилище 108
  Победа или поражение? 116
  Он разрушил наших богов! 118
  Решение Нимрода 127

Книга третья. Битва 131
  Тюрьма 132
  Вести из тюрьмы 135
  Первый ученик 137
  Нимрод спускается в темницу 141
  Свобода. Надолго ли? 147
  Вами правило чудовище! 152
  Правление Аврама 157
  В мире правлю я! 160
  Скорый суд 165
  Аврам и Сарай 167
  И снова в путь 169
  Создание группы 176
  Ночь откровений 182
  Нож у горла 188
  Первая десятка 191
  Битва Аврама 195

Международная академия каббалы 206
Углубленное изучение каббалы 206
Интернет-магазин каббалистической книги 207

Вы можете читать эту книгу, как роман.
О том, как столкнулся с юным Аврамом сильный, умный, коварный царь Вавилона Нимрод, «бог на земле, который сам себя сотворил, рука которого разила наповал любого, и не одного, а множества».
Все силы Нимрода были брошены на то, чтобы сначала убить Аврама, – не получилось.
Тогда склонить! – не склонили.
Жрецы и колдуны, убийцы и тюремщики Нимрода хотели заставить его жить как все.
Не заставили.
Ему были уготованы казни, которые не выдерживал никто.
А он выдержал.
Как же он не сдался, ведь все сдались?!
Как смог сохранить веру, ведь все отреклись?!
Что раскрылось ему в пещере, вдалеке от людей?
И с кем говорил он там, глубоко под землей, в темнице, из которой не должен был выйти никогда.
Об этом роман «Битва Авраама»[1].

Но это и притча. И если будете читать книгу как притчу, то раскроется вам, что разговор идет о каждом из нас. Потому что в каждом из нас живет он – царь Нимрод.
Царь Нимрод – это сила, которая движет нами. Это наше «Я», наша гордыня, наше себялюбие, которое держит нас «за сердце».
Это он правит нами! Это он сталкивает нас, не дает жить в мире с другими и с самими собой!
И, надо признать, что он близок нам, царь Нимрод. Мы ведь всегда тоскуем по сильному вождю.
А Аврам?
Кто он такой, этот Аврам? Что это за сила такая?!..
Он юн, слаб, он еле-еле пробивается в нас.
Росток добра, точка любви в нашем гордом сердце – вот кто такой Аврам.

---

[1] При рождении он получил имя Арам. После духовных изменений Творец даровал ему имя Авраам, под которым его и запомнили потомки.

И он не близок нам. Ведь он говорит об отдаче, о Единстве, о сближении с другими.
Не просто принять его! Не просто делиться с кем-то. Любить кого-то. Отдавать кому-то!..
Но если вдруг мы замечаем его, Аврама, в себе – с этого момента начинается другая жизнь.

Книга первая. Начало

Звезды говорят

Верховный жрец Биш – «левая рука» царя Нимрода, не хотел бы сейчас встречаться с царем.
Скользящей походкой он шел по коридору, ведущему в царские покои. Охранники опускали перед ним глаза, чтобы он не сжег их взглядом.
В конце коридора Биш приоткрыл тяжелую дверь из драгоценного кедрового дерева и с дрожью в голосе произнес:
– Дурные вести, великий царь.
И запнулся.

Наконечник стрелы был направлен ему в лоб.
– Говори! – произнес Нимрод. Огромный лук в его руке изогнулся.
– Звезды предсказывают…, – Биш с трудом ворочал языком. – Они… предсказывают… что в твоем царстве родится мальчик, который будет отрицать… твою божественность.

Нимрод отпустил тетиву. Стрела понеслась к цели.
Но вдруг она изменила направление и вонзилась в потолок.

– Я бы выслушал его до конца, великий царь, – послышался тихий голос. В глубокой нише справа от трона стоял высокий человек лет тридцати, но совершенно седой.

– Когда он родится? – резко спросил Нимрод.
– До 30-го захода солнца. У нас есть 29 дней.
– Какие меры ты предпринимаешь, чтобы он не родился?
– Всех рожениц мы собрали в одном месте и отбираем новорожденных. В живых должны остаться только девочки.
– Что скажешь, Терах? – спросил Нимрод седого.
– Моя жена беременна, – ответил Терах.

Кривая улыбка коснулась лица Биша и тут же исчезла.

– Но она должна родить через два месяца, – сказал Терах, – а здесь все закончится раньше.
– А если бы тебе пришлось пожертвовать сыном? – взгляд Нимрода теперь остановился на нем. – Пожертвовал бы?!
– Но он родится через два месяца, – холодно повторил Терах.

– Отвечай, как думаешь, – отрезал Нимрод.
– Есть только один царь, великий царь Нимрод, – Терах не отвёл взгляда. – Его слово – слово бога.
– Значит, ты отдал бы своего сына?
– Да.
– Ну, что ж… это хорошо… Ты снова подтвердил свою преданность, мой Терах. Я проголодался. Действуйте! – бросил царь и вышел.

Из темноты проявилось уродливое лицо палача Сиюты. Он бесшумно проследовал за своим хозяином. Немой убийца, который сам себе отрезал язык из преданности повелителю, обернулся у двери… и плюнул под ноги Тераху.

***

В тот день был издан жестокий приказ.
И тут же во все концы страны поскакали глашатаи.
Приказ был зачитан на площадях и принят вавилонянами. Никто не смел сопротивляться богу Нимроду.

Роженицы, чей срок подходил, сами шли в родильные дома. Или их приводили мужья.
За месяц в стране не остался в живых ни один новорожденный мальчик.

Башня до небес

Зато за этот месяц еще на восемьдесят локтей выросла великая башня – гордость царя Нимрода и всей страны.

В центре Вавилона на главной площади, рядом с храмом Эсагила, посвященным богу Мардуку – создателю мира, победившему страшное чудовище Тиамат, строилась она – башня, устремленная в небо.

Она поднималась, доказывая всем: нас не взять голыми руками.
Башня должна соединить небо с землей.
Все знали – так и будет.

Однажды, пять месяцев назад, царь Нимрод собрал весь народ за стенами города, в Великой долине на берегу Евфрата.

Он гарцевал на коне перед простершейся ниц огромной толпой.
Нимрод говорил, и его слова передавали глашатаи дальше и дальше, чтобы все слышали, даже глухие.

Он сказал:
— Народ, я позвал вас сюда, чтобы спросить. Кто вы?! Послушные овцы, которые не знают, когда им перережут глотку? Или вы сами хотите решать свою судьбу?
Царь умолк, окинув взглядом море голов. И тут же из толпы раздался вопль:
— Сами! Мы хотим сами решать свою судьбу!
— Сами-и-и-и, — подхватил народ.
Нимрод кивнул. Он не сомневался в ответе.
— Тогда, — продолжил он, — мы должны построить башню.
— Башню-у-у-у! — выдохнул кто-то.
— Башню до небес! — закончил Нимрод.
— У-у-у-у-у! — застонала толпа.
Нимрод посмотрел на небо, оскалился и произнес:
— Ты не смоешь нас больше потопом! — он поднял руку, грозя небесам. — Мы не безропотные овцы, с которыми ты можешь делать, что захочешь. Мы хозяева своей жизни.
— Башню-у-у-у! — повторила толпа и завыла, требуя. — Мы строим башню! Башню до небес!..
Нимрод долго не останавливал этого воя.
Народ не разочаровал его.
Он был безгранично предан своему царю.
— Боги должны ответить нам за смерть наших прадедов! — выкрикнул Нимрод. — Эй, боги!!! За что вы уничтожили их в водах потопа?!
Толпа замерла. Люди ожидали, что будет дальше. Кто победит в этой битве?
Нимрод улыбался.
Небеса молчали.

На глазах у всех рождался новый бог.
Близкий. Которого, наконец, можно увидеть.
Бог Нимрод.

Кто-то первый закричал:
— Слава богу Нимроду!
Потом подхватил один голос, не твердый, за ним второй — окрепший.
И, наконец, весь народ от края до края начал скандировать:

– Слава богу Нимроду!.. Слава богу Нимроду!..
Нимрод повел рукой, и снова все стихли разом.
– Властью своей, – произнес Нимрод, – властью бога на земле... я назначаю...
Он взглянул направо.
Там, преданно глядя на него, вытянувшись по струнке, замерли жрец Биш и первый министр Терах.
– ...главным...
Жрец моргнул, выдавая волнение.
– ...кому будет повиноваться Вавилон...
Биш ведь так хотел этого. Все на свете он готов был отдать, только бы услышать сейчас свое имя.
Царь произнес:
– Главным я назначаю Тераха.
Побелели от ненависти глаза Биша.
Вспыхнул пожар в его груди.
А народу что?! Народ завопил:
– Терах! Терах!..
И Терах ответил:
– Благодарю тебя, великий Нимрод! От имени народа заявляю: мы построим башню до небес! Это будет подарок тебе от преданного Вавилона. И тогда никакой потоп не возьмет нас.
Нимрод протянул руку к Тераху.
Тот приблизился и поцеловал ее.
В этот день был праздник, который длился всю ночь.
Только Биш не пришел.

***

Это случилось пять месяцев назад.
Решение было принято. И тут же все, кто мог держать в руках тележку, молот, молоток, камень, палку, палочку, тростинку, каждый, кто мог двигаться хоть немного, сильный и слабый, малый и старый, – все, как один, приступили к строительству башни.
Ими двигала безумная вера.
Их энтузиазм не нуждался в вожжах.
Не просто было Тераху овладеть этой стихией.
Оседлать горячего коня, не охладив его пыла.
Месяц он не выходил со стройки.
Сутками не спал.

Были назначены бригадиры, десятники, сотники, тысячники, десятитысячники.
Через месяц не стало камня, привезенного из дальних мест.
Страна ведь была построена на голой равнине.
А гряда гор, окружающих столицу, оказалась фикцией.
Камень дробился, превращаясь в песок.
Он не мог лечь в основу башни.
Стройка могла остановиться.
А голова Тераха – свалиться с плеч.
Нимрод не хотел и слышать об отсрочке в строительстве.
Точил свой топор палач Сиюта.
Еще неделю собирали камень по всей округе.
Через неделю и он закончился.
И когда оставалось только молиться, кто-то тихо прошептал: «Боги-то против... нехорошо мы обошлись с нашими богами».
И пошел по народу слух.

Гений Шелах

Именно тогда снова проявил себя молодой рыжий Шелах – гениальный архитектор Вавилонской башни.
Это он нарисовал башню, какой она должна быть.
Рассчитал опорные сооружения.
Определил, сколько материала и людей потребуется, с какой скоростью должны проводиться работы, чтобы достичь небес через пятьдесят лет.
Это он в первые дни метался радостный и почитаемый всеми.
При виде его кричали:
– Это он! Он! Шелах! У него такая голова!.. У-а-ах, какая у него голова! Мы хотим, чтобы и наши дети были такими же умными, как он!
Это он, двадцатипятилетний Шелах, предположил, что должно быть горное плато под землей. И из него получатся крепкие камни для башни.
Он даже вычислил, где оно находится.

Начали рыть.
И действительно, на глубине 120 локтей натолкнулись на каменистую породу. Крепкую. Подходящую.
Это была новая победа над небесами.
Народ снова поверил в свои силы.

Разрыли карьер, и стройка возобновилась.
Но ненадолго.
Через пару месяцев Тераху сообщили, что плато заканчивается.
Его осталось не более, чем на сорок дней.

Было решено держать это в тайне, не сообщать никому.
А Шелаху приказано найти выход.
Шелах искал. И не находил его.
Теперь уже у самого Тераха зародилось сомнение: может быть, действительно боги не хотят этого?

...В тот день он шел по стройке задумчивый.
За ним бежали слуги и начальники.
От облепивших башню людей не было видно самой башни.
Все превратилось в гигантский муравейник.
Мимо проходили люди, кланялись Тераху.
На лицах их была радость.
Тележечники не шли, а бежали.
Подъемники не поднимались, а взлетали.
В карьере все стонало, ухало, там добывали последние камни.
О том, что они последние, даже Терах боялся думать.
Камни тут же обтесывали и переваливали на тележки.
Люди не уходили домой.
Они не знали усталости.
Великая идея построить башню до небес стучала в их сердцах.

Терах спустился в карьер.
И понял – вот оно, начинается.
Огромные очереди тележечников роптали перед выбившимися из сил камнетесами.
Терах услышал крики и увидел Шелаха.
Тот был как всегда всклокочен и неопрятен. Он давно уже не обращал внимания на свою внешность.
Бледный, не спавший много ночей Шелах стоял, опустив руки от усталости и унижения.
Тележечники кричали ему в лицо:
– Мы не должны ждать ни секунды! Мы не отдыхать пришли сюда! Где твои хваленые мозги, Шелах?!..

Прошло только три месяца, и куда подевалось преклонение перед гением Шелаха?!

– Что я могу сделать?! – он устало разводил руками. – Камнетесы работают, не отдыхая! По расчетам...
– Плевали мы на твои расчеты! Тележки должны наполняться сразу!
– Придумай что-то! – кричали люди. – Это ты изобретатель, а не мы!
– Да какой он изобретатель! – послышался визг из толпы. – Он никто и ничто!
– Дать ему по голове, – подхватил другой голос, – чтобы мозги повылетали!
Брань неслась отовсюду.
Люди сжимали кольцо вокруг Шелаха.
Люди требовали работу.
И они были правы.
Терах приблизился.
Тележечники не заметили его.
– Что здесь происходит? – спросил Терах, хотя ему и так все было ясно.
Сначала толпа смолкла, его боялись и уважали.
Потом один из кричащих, самый почтенный бригадир, сказал:
– Великий Терах, мы простаиваем здесь часами. Пока они рубят плато, пока разбивают камни и нагружают нас, проходит столько времени!
– Это он виноват во всем! – крикнул молодой тележечник и почти ткнул рукой в грудь Шелаха.

Шелах поднял голову и посмотрел в глаза Тераху.
– Я не знаю, что делать. Думаю, но не могу ничего придумать, – произнес он тихо и развел руками.
– Ты не хочешь! – крикнул кто-то. – А, может, ты умышленно не хочешь?!
– Я измучился, – прошептал Шелах.
– Давай нам работу! – молодой тележечник толкнул его так, что Шелах упал.
Но это не вызвало ни у кого сострадания.
– Мы строим башню для всего народа! – произнес пожилой бригадир. – И не можем зависеть от одного такого.
Он указал пальцем на Шелаха и пнул его.
Шелах размазывал слезы грязными руками.
Взгляды всех были устремлены на Тераха.
Терах молчал.
– Но я не знаю, я измучился, я не знаю, как сделать, – снова и снова повторял Шелах, обращаясь к Тераху.

– Его надо отдать палачу Нимрода, – послышался вдруг тихий голос за спинами тележечников.
Толпа расступилась.

За ней стоял Биш. Он улыбался.
Только улыбка у него была зловещая.
– Да-да, – сказал он. – Ведь Шелах – главный изобретатель, а не может придумать. Ну, как же так?.. Нехорошо.
Шелах, побледневший от страха, смотрел на Биша.
– Люди должны работать беспрерывно, так сказал великий Нимрод. А они простаивают. И виноват в этом вот этот человечишка…
Биш посмотрел на Шелаха так, что тот задрожал и попытался прикрыться рукой от взгляда жреца.
– Принимай решение, Терах, – сказал Биш. – Ведь это ты руководишь стройкой, а не я!
Теперь он перевел взгляд на Тераха.
И все повернулись к нему.
И Шелах, упавший на землю, тоже смотрел на Тераха.

Терах долго молчал.
– Принимай решение, – настаивал Биш. – Его надо казнить, чтобы другим неповадно было. Всех их, – он небрежно кивнул на толпу, – бросить на рубку камня, а тем временем подобрать другого человека. У меня есть на примете один умный вавилонянин.
Терах вдруг сделал шаг и подал руку Шелаху.
Он помог ему встать.
Шелах еле держался на ногах.
– Сколько ты спал в последнее время? – спросил Терах.
– Я не спал уже давно, – еле слышно ответил Шелах. – Все пытался найти выход… и не мог…

Терах повернулся к одному из своих помощников, притихших за его спиной и приказал: «Накормить его, уложить спать и не трогать три дня». У того вытянулось лицо.
– Исполняй! – приказал Терах. И бесстрашно посмотрел на Биша.
– Я не хотел бы видеть тебя на стройке, – сказал Терах. – Ты пугаешь людей. Они перестают работать.
Биш выпрямился.
Все, затаив дыхание, следили за этим поединком.
– Ну, что ж, – выговорил Биш после долгой паузы. – Ты здесь хозяин… пока…
Повернулся и быстро пошел прочь.
Послышался тихий стон, – это Шелах обмяк в руках помощника.

– Всем продолжать работу! – проговорил Терах отрывисто. – Помочь камнетесам. Не стоять! Думать о цели! О великой башне, которую мы строим! Никто не остановит нас! Никто!
– Никто-о-о! – взвыла толпа.
И люди бросились помогать камнетесам.
Сам Терах закатал рукава.
Он подхватил огромный молот и начал крушить им породу.
Словно и не знал, что рубятся остатки камня. И скоро все остановится.
Он был смел и мудр, Терах, поэтому и слыл великим начальником.

Мы победили богов!

Тем временем изобретателя Шелаха привели в царские бани.
Он еще не мог справиться с дрожью. И не мог поверить. Что ему дали три дня на отдых.
Да Шелах и не хотел отдыхать.
Он боялся, что пройдут три дня, а он ничего не придумает.

Голова отказывалась работать. А ведь она никогда не подводила его.
Благовония и масла не помогли.
Горячая вода не расслабила его.
Огромный бассейн, который он сам и проектировал, наоборот, прибавил тревоги. «Мне дают все и думают, что я что-то придумаю. А я не смогу, – думал Шелах, охваченный паникой. – И тогда падет голова Тераха».
Нет, сам он не боялся Биша, не боялся и Сиюту – палача Нимрода.
Он боялся себя. Только себя! Не соответствует он великим чаяниям народа, надеждам их. Подводит он любимого Тераха и приносит огорчение он богу Нимроду.
А если так, то уж лучше не жить.

Его лихорадочные мысли прервал Сапир – пожилой слуга Тераха, охотник, помощник, повар, до бесконечности преданный своему хозяину.
Все это знали.
Он появился неожиданно, присел перед Шелахом и спросил:
– Не спишь, Шелах?
– Не могу, – ответил тот.
– Выпей, – Сапир протянул ему глиняную чашу с дымящейся жидкостью.
Шелах замешкался.

– Не бойся, это Терах прислал тебе. Я сам собирал эти травы в Великой долине.
Шелах взял чашу и послушно выпил.
И тут же, вздрогнув, откинул голову назад.
Глаза его закатились...
Он провалился в небытие.

Так, с открытыми глазами, он пролежал три дня.
Дыхание его остановилось.
Да, все были уверены, что он умер.
Но говорить об этом боялись.
Думали про себя, что так должно было случиться, ведь не оправдал он доверия, этот Шелах.
А зачем тогда брал на себя так много?
Было приказано перенести его тело на ложе. И не трогать три дня.

Через три дня Шелах очнулся.
Он не помнил ничего.
Голова была свежа, как никогда.
Перед ним на столе лежали таблички из мягкой еще глины и острые палочки.
Шелах вскочил со своего ложа и начал быстро что-то рисовать.

Все, что происходило дальше, летописцы назвали чудом.
В течение трех дней на площади выросло гигантское сооружение, сложенное из каменных плит, в центре его было отверстие, похожее на пасть. Оно строилось под руководством Шелаха.
Он снова не спал, готовил нечто новое и необычное.
Сюда везли глину со всей страны.
Никто не понимал, для чего это надо.
Но за Шелахом стоял Терах.
Люди видели – Терах верит в это безумие.
И они поверили тоже.

И вот однажды утром собрали всех.
Перед толпой металась рыжая шевелюра Шелаха.
За его спиной дымило уродливое сооружение,
из пасти которого вырывался огонь.
– Начинай! – скомандовал Терах.
– Это печь! – закричал Шелах так, чтобы слышали все. – Она печет камни. Я назвал их кирпичи.

Он быстро подскочил к печи и потянул на себя две затворки.
Тут же из огненного чрева вывалилась груда кирпичей.
Народ зашумел...
– Я придумал, как их лепить и обжигать. Все просто!
– Но достаточно ли они крепки? – спросил Терах.
И Шелах провел испытание, от которого все лишились дара речи.
Он сложил кирпичи вместе, в пять слоев, скрепил их какой-то вязкой массой и закричал:
– Когда я скажу, встаньте на эту стену. Все-все вставайте!

Через десять минут толпа взгромоздилась на стену. Не без опасения, но ведь было интересно.
Стена не шелохнулась.
Позвали самых толстых, стена и не вздрогнула.
Тогда ударились в нее телами.
Но прочная кирпичная стена словно смеялась над ними.
И Шелах смеялся. А, может, плакал от усталости, ведь он снова не спал три дня и три ночи.
С тревогой он заглядывал в глаза Тераха...
Ждал слов одобрения.
– Молодец, – сказал Терах. – Мы снова победили богов.

И вот тогда Шелах заплакал.
Вдруг опустился на землю и заплакал, не стесняясь, размазывая по грязным щекам слезы.

Только теперь все поняли, что произошло чудо.
И заорали, потрясая кулаками:
– Мы победили! Мы победили богов! Вот так-то будет лучше, боги! – Народ вопил, бросая взгляды на летящие облака. – Мы покажем вам, как нас топить! Теперь мы будем править! Великий Нимрод и великий народ!
– Сегодня в честь праздника я отпускаю вас домой, к вашим семьям! – сказал Терах.
И они ответили ему в один голос:
– Мы не хотим идти домой, что нам там делать?!
Хитрый Терах, он знал, что они так ответят.

Вот после этого-то и началось.
Кирпичи выпекались будто сами собой.
Печи выплевывали их несметное количество прямо в тележки.
Тележечники ждали, весело приплясывая.

А потом неслись к башне, нагруженные доверху, но счастливые.
Башня росла не по дням, не по часам, а по минутам.
На нее вели две широкие лестницы, одна – с восточной, другая – с западной стороны.
Та, что была с востока, использовалась для подъема грузов, а та, что с запада, – для спуска людей.

Рассказывают, что строители были настолько одержимы своим желанием закончить башню, что, когда по неосторожности кирпич падал вниз и раскалывался, они причитали: «Трудно будет заменить его». Однако если человек срывался вниз и разбивался насмерть, никто не обращал внимания.
Великая идея затмевала разум.
Предчувствие великой победы грело сердца.
Победы над богами. Где такое видано?!

Родиться, чтобы умереть?

За время строительства башни произошло еще одно событие, которое круто повернуло жизнь Тераха и его семьи.
Месячный срок, названный предсказателями, уже подходил к концу.
По всем признакам Амталей – жене Тераха оставался еще месяц до рождения ребенка.
Она уже радовалась, что смогла выносить его и не попасть под жестокий закон Нимрода.
Что родиться мальчик, она знала точно.
По тому, как он разговаривал с ней.
Как толкался в ее животе, никогда не причиняя боли.

Уже истекал принятый законом срок.
Нужно было продержаться еще один день…
Как вдруг она почувствовала, что ребенок зашевелился в ней.
Не так, как прежде, по-другому.
Амталей проснулась в ужасе.
Мужа не было рядом.
Мальчик говорил с ней.
Она понимала его знаки.
Он решил выходить.

Спускался ниже и ниже.
– Только не сегодня! – подумала она. – Нет! Нет!..
Амталей смотрела на свой живот.
Ее долгожданный мальчик, вымоленный у богов, не мог, не должен был родиться сегодня!
Она гладила живот и уговаривала своего ребенка:
– Ну, я прошу тебя, долгожданный мой, полежи спокойно. Любимый мой, выдержи еще два дня. Только два дня и две ночи, и тогда я обниму тебя, мой сын, моя радость, моя жизнь...
Но он не слушал ее.
Он рвался наружу.

Так, за день до истечения срока ужасного закона, у Амталей начались предродовые схватки.
– Терах! – в ужасе закричала она, хотя знала, что Тераха нет. Он днями и ночами пропадал на строительстве башни. – Терах, что мне делать!? Как же ты нужен мне сейчас, муж мой!
И словно услышал Терах ее молитву.
Распахнулась дверь, и он вошел.
Спокойный, мужественный, любимый.
– Ты здесь, мой Терах! – воскликнула она. И виновато простонала. – Я не могу удержать его!
– Не волнуйся, я знал, что он родится раньше, – успокоил ее Терах.
Он подошел к жене.
Амталей умоляюще смотрела на него: «Мой великий муж, останови его!».
– Не могу, – сказал он. – Боги решают, не мы.
Она заглядывала ему в глаза.
Он обнял ее.
– Я не отдам его! – с трудом выговорила, превозмогая боль. – Не отдам никому!
– Я знал, что ты так скажешь, – произнес Терах.
– Мы ведь так долго его ждали, Терах?! – простонала она.
– Да. Не вовремя он рождается.
– Но мы ведь не отдадим его?!
Она вдруг отстранилась и с ужасом посмотрела на Тераха.
– Царь Нимрод... – начал было Терах.
– Я не отдам его никому! – произнесла Амталей. – Ни-ко-му!

Сейчас она была похожа на волчицу, прикрывающую телом своего единственного волчонка.
Глаза ее метали молнии.

Зубами она была готова вцепиться в любого, кто посмеет приблизиться к ее еще не родившемуся ребенку.
Но внезапно тело ее содрогнулось, с губ сорвался крик: «Не-ет!»
Амталей посмотрела вниз.
Начали отходить воды.
– Не волнуйся, любимая, царь Нимрод не получит его, – произнес Терах.

И она посмотрела на мужа с такой любовью! С такой любовью, что отступила боль.
Да, она улыбалась ему, благодарная и уверенная, что так и будет.
Она знала: ее великий Терах не нарушит слова.
– Я отослал слуг, – сказал он. – Буду сам принимать роды.
– Откуда ты узнал, что это произойдет сегодня?! – удивилась она.
– Я умею читать по звездам не хуже великого жреца.
Терах с нежностью смотрел на жену.
– Нам надо поторопиться, любимая, – он взял ее за руку.

Месть жреца

По длинному коридору дворца снова бежал жрец Биш.
И снова в испуге охранники отводили взгляды.
И вот уже приблизилась дверь в покои царя.
И снова Биш остановился перед ней и прошептал:
– Дурные вести, великий царь Нимрод.
Осторожно толкнул дверь и сразу же с порога повторил:
– Я принес тебе дурные вести, великий царь.
И не прерываясь, добавил:
– Над домом Тераха поднялась звезда.

Нимрод держал в руке дымящийся кубок.
Он даже не взглянул на Биша.
Всегда, заходя в покои царя, жрец был готов к тому, что может не выйти отсюда. Что его может обезглавить палач Сиюта или пригвоздить стрелой к стене сам Нимрод.
Но Биш сам выбрал свою судьбу.
Он сам захотел стать приближенным к царю.
А значит, готов был умереть в любое мгновение.
Нет, Биш не жалел ни о чем.

– Звезда мечется по небесной тверди, – произнес он. – Она уже поглотила четыре звезды на востоке, севере, западе и юге.
– Что это значит? – спросил Нимрод.
– Что в доме Тераха родился мальчик... – отрезал Биш.
Нимрод повернулся к нему всем телом.
– ...который завоюет твое царство! – закончил жрец.
Дрогнули губы Нимрода.
– Но ведь он должен был родиться только через месяц?
Нимрод в упор смотрел на жреца.
– Боги захотели, чтобы он родился сегодня, – ответил Биш.
– Ты знал об этом раньше? – спросил Нимрод.
– Догадывался.
– И не сказал ему ничего? – усмехнулся Нимрод.
– Я хотел, чтобы для него это было сюрпризом, – зловеще ответил жрец.

Нимрод поднялся и, не глядя на Биша, пошел вглубь зала.
Он размышлял вслух.
– Ты хочешь сказать мне, что Терах, самый преданный мой слуга, мой первый министр, не подчинился моему приказу? – слышался его тихий голос.
– Пока никто не выходил из его дома, – ответил Биш. – Мои шпионы вот уже сутки караулят там. Никто не выходил, никто не привозил повитух. Как будто бы никто там и не родился.
– Но, может быть, никто и не родился? – Нимрод остановился и взглянул на Биша.
– Родился! – ответил Биш.

Нимрод поднял руку, и палец в перстнях уперся в лицо Биша.
Тут же из темноты выплыл палач Сиюта.
Он всегда был начеку.
– Поезжай туда сам, – приказал Нимрод жрецу. – Все проверь, и, если подтвердится, прикажи от моего имени передать ребенка в родильный дом. Скажи Тераху, что я чту его больше всех, даже больше тебя.
Жрец опустил глаза, чтобы не увидел царь, как в них засверкали желтые огни ненависти.

– Можешь передать ему от меня этот кубок.
Нимрод кивнул палачу странным кивком.
Протянул руку с кубком.
И тут же Сиюта наполнил его багровым вином из кувшина, стоящего под столом.

– Это кубок царя, – произнес Нимрод. – В нем яд. Или он выпьет и умрет, бедный Терах. Или выплеснет яд на землю, верный Терах…
Ему решать. Так передай.

Кубок с ядом

Биш прибыл к дому Тераха в сопровождении десяти всадников.
На стук ему не открыли, а стучал он долго.
Подозрительнная тишина поражала.
Ни звука, ни дыхания, ни шороха…
Слух у Биша был адский.
Он слышал даже, как песчинка скатывается по крыше дома. Как раскрывается цветок навстречу утру и лепестки его касаются один другого.
А тут – тишина.
Ни звука.
– Скрывают, – подумал Биш. – Значит, есть, что скрывать. К башне! – приказал он всадникам.
И они развернули коней.

Вавилонская башня была обнесена факелами, работы не прекращались и ночью.
Люди не ходили, а бегали по лестницам.
Их рты разрывали улыбки.
Движение казалось хаотичным, но на самом деле тут соблюдался жесткий порядок.
В этом муравейнике каждый знал свое место.
Это Терах так поставил дело. Умница!
Сейчас он стоял на возвышении, откуда было видно все.
Глаз привычно отмечал все детали.
Вот задерживаются на восточной стене, там у бригадира мысли не на месте, влюбился. Надо сменить его.
И третья печь отстает, отсюда видна очередь в три тележечника. Два дня, как кочегар перестал насвистывать свою песню. Что за мысли у него? Надо проверить.
И тут Терах краем глаза увидел всадников.
Они направлялись в его сторону.
Впереди скакал Биш.
Терах сразу понял, что по его душу.

Спокойно ждал и жилка не дрогнула на лице.
Биш спешился.
Подошел.

– Куда ты спрятал ребенка? – спросил сразу, без приветствия. Чувствовал свою силу.
– Увы, он умер у меня на руках, – ответил Терах.
– Какое горе, – сказал жрец. – Где вы похоронили его?
– Ветер развеял пепел.
– Ага, – произнес Биш и поднял руку.
В его руке сверкал кубок, наполненный вином.
– Ты узнаешь этот кубок? – спросил Биш. – В нем яд. Если ребенок родился и остался жив, выпей и умри. Так просил сказать тебе царь Нимрод.
Биш вложил кубок в руку Тераха.
– Ты выпьешь?
– Нет, – ответил Терах. – Я верный слуга Нимрода.

Биш, не отрываясь, смотрел на него.
Неожиданно глаза того начали закатываться.
Дыхание прервалось…
Терах пытался вздохнуть и не мог.
– Не надо обманывать Биша, – медленно произнес жрец. – Сейчас я скажу тебе «говори», и ты скажешь, где прячешь сына.
Глаза Биша горели.
Его красные зрачки прожигали насквозь.
Рука Тераха, держащая кубок, дрожала.
– Говори! – скомандовал Биш.
Терах хрипел, но не сдавался.
– Говори-и-и! – Биш подался вперед…
– О-о-он, – выдавил Терах.
– Ну?!.. Ну-у-у?!
– О-о-он…
– Где он?!
– У-у-умер, – еле выговорил Терах.
Биш сжал руки в кулаки.
– Врешь!
И вдруг лицо Тераха изменилось.
Он усмехнулся.
– Я вру? – спросил он спокойно. – Я, Терах, первый советник царя, вру?
Биш молчал, пораженный.

Его колдовство не сработало.
– Мой сын умер, – повторил Терах. – Заруби это себе на носу. И знаешь, что? Вон отсюда! Без моего согласия не появляйся больше на стройкэ. Я уже говорил тебе об этом. Ты пугаешь людей. Это плохо сказывается на их работе.
Биш прикрыл глаза. Невозможно было вынести этого унижения, но он выдержал, повернулся.
– Меня тебе не взять, бездарный жрец! – сказал ему в спину Терах.
– Я отомщу, – прошептал Биш.
Стремительно вскочил на лошадь.
И в мгновение скрылся за углом башни.

Терах вздохнул. Стало понятно, чего стоил ему этот разговор.
Он наклонил кубок, на землю полилось густое, как кровь, вино.
Капля случайно попала на какого-то жучка.
И тот растворился.
Терах оглянулся.
Вокруг не было ни души.

Прошла неделя.
Биш ни на мгновение не отпускал Тераха.
Его шпионы, следящие за домом первого министра, доносили, что в доме царит тишина и траур. Ребенок явно умер.
Несколько раз видели на улице заплаканную Амталей.
Терах, как и раньше, выезжал на стройку утром и возвращался поздно вечером. Грустный и молчаливый.
Так проходили дни.
Пока Биш не снял слежку, поняв, что она уже ни к чему не приведет.
Но это совсем не значило, что коварный жрец поверил Тераху.
Биш никогда и никому не прощал обид.

Мальчик и боги

Вдалеке от людей, за несколько дней пути от столицы,
за большим перевалом, в глубине расщелины «Орлиный глаз», между тремя козьими тропами, в пещере мерцал светильник – глиняный сосуд с маслом и фитильком.
Никто не мог заметить его.

Все было хорошо продумано.
Уже несколько лет под присмотром Сапира – верного слуги Тераха, здесь рос мальчик.
О нем никто ничего не знал.
Для всех – он умер при рождении.

С каждым днем мальчик все больше поражал Сапира.
Ему исполнилось всего три года.
Но казалось, что он гораздо старше.
Он уже мог разбирать клинопись, читать, он задавал такие вопросы, на которые у Сапира – простого вавилонянина, не было ответов.
Аврам, так звали мальчика, знал имена всех богов.
Сапир объяснил ему назначение каждого.
И Аврам мгновенно все запомнил.
Фигурки богов стояли в углублении пещеры.
Каждое утро Сапир молился и приносил им дары.
Аврам стоял за его спиной, наблюдал, а иногда и беседовал с ними.
Но боги не отвечали ему.
Сапир дрожал при каждом таком разговоре.
Это не было обычной молитвой.
Аврам засыпал богов вопросами.
И требовал ответа.
Боги молчали.
Аврам спрашивал снова, не отставал, – маленький, упрямый мальчишка!..
Сначала Сапир пытался вмешаться.
Тогда вопросов стало еще больше.

…Пока не наступил новый период в их жизни.
Однажды Аврам перестал задавать вопросы.
Вдруг утром он подошел к Сапиру, постоял за его спиной, посмотрел на богов…
Отошел.
И больше не подходил к ним.
Это испугало Сапира. «Лучше бы он задавал вопросы», – подумал он.
С этого момента Аврам стал возвращаться в пещеру, только чтобы поспать.
Часами блуждал в окрестностях.
Молчал – молчал, смотрел – смотрел. Там посидит на земле, здесь.
Полежит в траве, погрызет травинку, вздохнет и снова пойдет бродить…
Сапир ходил за ним, как привязанный.
Пытался говорить, не получалось.

Пытался развеселить. Куда там!?
Так прошло несколько дней.

Пока Аврам снова не начал задавать вопросы.
Но не богам.
Сапиру.
И себе.
– Может быть, мне следует поклоняться земле? – вдруг спросил он, когда однажды к вечеру они вошли в заросли диких яблонь.
Потерявший всякую надежду Сапир плёлся за Аврамом. Вдруг услышал его вопрос. Радостный, он подскочил к нему.
– Я говорю, может, надо поклоняться земле?! – повторил Аврам, глядя на ветви, усыпанные яблоками. – Мы ведь кормимся ее плодами. Как ты думаешь, Сапир?
– Да-да, земле-земле! – Сапир был счастлив. – Конечно, земле, это же она кормит нас!
– Однако земля не всесильна, – продолжил Аврам после минутного раздумья. – Она зависит от неба, дарующего дождь.
– Верно, она зависит от неба, – подтвердил Сапир.
– Значит, я должен поклоняться небу?
Аврам посмотрел на Сапира. Потом на небо.
– Верно, небу, – ответил Сапир. – Конечно, небу!
– Но небом правит солнце. Благодаря теплу и свету его живет мир.
– Солнце, – соглашался Сапир, уже понимая, что рано радовался. – Солнце правит… да…
– Значит, получается, что оно и есть бог?
– Может быть, пойдем домой, Аврам? Уже поздно. Солнце садится…
– Нет, давай падем ниц перед солнцем?! – предложил Аврам. – Ведь оно бог.
И он встал на колени.
Сапир опустился вслед за ним.
Бог-солнце садилось.
Аврам смотрел на его краешек, исчезающий за верхушками яблоневых деревьев.
Когда солнце зашло, он снова задумался.
Встал с колен и покачал головой.
– Нет, – сказал он и снова привел Сапира в отчаяние. – Нет, Сапир, солнце не может быть богом.
– Почему?! – чуть не плача взмолился тот. – Ну, почему?! Ну, пусть оно будет богом?!

— Да потому что, сам посуди, Сапир, солнце скрылось, взошла луна, и получается, что луна теперь бог. Больше, чем солнце.
Аврам прищурился, разглядывая луну.
— Ты согласен со мной, Сапир? — спросил.
— Согласен, — обреченно повторил Сапир. — Теперь луна — бог. Согласен.
И снова попросил:
— Пойдем домой, маленький Аврам, ну, пойдем, а?.. Становится холодно. Я боюсь, что ты простудишься.
— Нет, все-таки и луна не может быть богом, — услышал он в ответ.
Уже ближе к ночи они вернулись домой.
Аврам был задумчив, лег и сразу заснул.

Сапир укрыл его оленьей шкурой, подложил под голову мешочек с травами, вздохнул и на коленях подполз к своим божкам.
— Боги, великие боги, — прошептал. — Я обращаюсь ко всем вам, а особенно к тебе, великий бог Мардук. Пожалейте его, этого малыша. Ну разве он знает, что лопочет его язык? Не знает! Чего он там знает в свои три года!.. Поверьте, он любит вас, это правда, сами видите, мальчик он добрый, душевный... Но вот такой любознательный уродился, что поделаешь. А еще, боги, хочу вам сообщить, — Сапир вздохнул и у него заблестели глаза, маленькая слезинка появилась и исчезла, — что я очень к нему привязался. Я так к нему привязался!.. Иногда думаю, что это мой сынок... что я отец его, да.
Сапир пожал плечами и засунул голову глубже в нишу, поближе к богам.
— А иной раз, не поверите, я думаю, что это не я, а он мой отец... Да-да вы слышите, боги? Такой он взрослый иногда. Такой взрослый!..

Пустые небеса

Уже была глубокая ночь.
В пещере трещал огонь. Сапир спал у входа.
Звезды играли на небе, переговаривались.
Луна висела ни на чем.
Вдруг Сапир открыл глаза. Время от времени ночью он просыпался, чтобы убедиться, все ли в порядке. Так было и в этот раз. Но вдруг он не увидел Аврама.
Его не было в постели.
Сапир вскочил в ужасе.

И услышал за своей спиной шепот:
– Вас нет.
Маленький Аврам сидел на камне перед пещерой:
– Нет!..
Сапир приблизился к мальчику на цыпочках и накрыл его плечи шкурой.
– Уже холодно, Аврам, пойдем к костру.
Аврам положил голову ему на колени.
И Сапир увидел грустные глаза своего воспитанника.
– Что? – испуганно спросил он. – Что случилось, мой мальчик?!
– Все, что я вижу, это не то, что есть, – промолвил Аврам.
– Ой-ей-ей, – простонал Сапир. – Знаешь что, сынок? Ты лучше, вон, подойди к богам, и поговори с ними. Мне это всегда помогает.
– Я не могу смотреть на этих богов… – прошептал Аврам. – Потому что… их нет.
Сапир отшатнулся: «Что ты говоришь такое, Аврам?!»
Сапир испуганно вобрал голову в плечи.
Ему казалось, что прямо сейчас разверзнется небо, сверкнет молния и не станет Аврама.
Но прошла минута. Небо не разверзлось.
Тогда Сапир подскочил к Авраму, засуетился вокруг него.
– Мальчик мой, не пугай меня. Я отвечаю за тебя перед твоим великим отцом. Ну, приснилось тебе что-то.
– Ему что-то там приснилось! – объяснил Сапир, обернувшись в сторону божков. – Да! Приснилось! С кем не бывает? Вы на него не сердитесь, он еще совсем малыш!

Аврам смотрел вверх, на черное небо.
Там перемигивались звезды.
– Кто-то говорит сейчас со мной… – сказал Аврам.
– Что?!
– Я просто не знаю его языка.
– Ой-ей-ей…
– Может быть, действительно, это бог… Он все время говорит с нами, а мы не слышим. Но он так хочет, чтобы мы его услышали.
Сапир чуть не рыдал от отчаяния.
У него было ощущение, что надо спасать мальчика.
Вероятно, от этого одиночества он начал терять рассудок.
– Только не думай, что я сошел с ума, – вдруг услышал он голос Аврама.
Тот смотрел на старика своим открытым и теплым взглядом.
– Пойдем спать, Сапир, – сказал. – Только обещай, что поднимешь меня очень рано. Мне надо проверить одну догадку… Обещаешь?!

– Конечно! – сразу же согласился Сапир.
Он был счастлив закончить наконец-то эти мучения, эту ночь.
Он так надеялся, что утром Аврам все забудет.

Но рано утром Аврам вскочил чуть свет.
Сам, без помощи Сапира.
И выбежал из пещеры.

Рождение Звезды

В этот день Сапир, не понимая ничего, как хвост ходил за Аврамом.
Мальчик был полон восторгов и новых открытий.
Сначала он пролежал перед муравейником, не шевелясь, час, а, может быть, и больше.
Он наблюдал за тем, как муравьи дружно начали свой трудовой день.
С восходом солнца отвалили тростиночки и камешки, закрывающие вход в муравейник и двинулись по проложенной тропинке к полю, не обгоняя друг друга, не споря, подчиняясь внутреннему очень четкому распорядку.
Потом Аврам наблюдал за тем, как дикий нарцисс выпрямлялся навстречу солнцу.
Над цветком прожужжала оса. Сделала два круга и приземлилась точно в желтую сердцевинку.
Оса привела их к гнезду, прилепленному к стволу дерева.
Сапир не дал Авраму приблизиться туда.
Осы шумели, взбудораженные пришельцами.
Здесь тоже чувствовался порядок, подчинение, иерархия, – ясно, кто главный, кто нет. Осы вылетели, как по команде, небольшой кучкой и, пронесясь над головами Аврама и Сапира, исчезли за высокой травой.
Приближался полдень.
Аврам не уставал.
Сапир почти насильно заставил его выпить воды из ручья и практически впихнул ему в рот лепешку.

Это был день открытий.
До вечера они не возвращались в пещеру.
Все вызывало восторг у Аврама.

Когда солнце двинулось к закату, он вдруг замер, подняв голову к небу. Потом лег в траву.
Сапир рядом.
Над ними летели облака.
Ветер гнал их.
Солнце медленно опускалось.
Вдруг проявилась луна.
Две звезды зажглись рядом…
Сапир, стараясь не отвлекать Аврама, подстелил под него оленью шкуру.
Становилось прохладно.
Аврам наблюдал за звездами.
А они, казалось, наблюдали за ним.
Когда одна из звезд сорвалась и полетела вниз, Аврам вздохнул.
Вздох получился такой свободный, такой простой, словно наконец-то пришел покой.
Аврам повернулся.
«Какое необыкновенное лицо у него!» – подумал Сапир.
Оно действительно было просветленным.
Спокойное. Без тревоги, которая в последние дни не покидала Аврама.
Аврам улыбнулся.
Сапир в ответ тоже.

– Это и есть бог, – сказал Аврам.
– Где бог?! Что бог?! – испугался Сапир.
– Я просто сказал, – как хорошо! – вздохнул Аврам.
– Очень, – подхватил Сапир.
– И как все связано!
– Еще как! – воскликнул Сапир
– Небо с землей, солнце с цветком.
– Еще как! Еще как!
– Жучок с травинкой, оса с осой.
– Ого! Ого! – торжествовал Сапир. – Ты прав! Ты прав!
– Холод и тепло, пылинка и крыло бабочки, луна и вой волка, муравей и упавший стебелек…
– Как красиво ты все говоришь, – вздохнул Сапир. – Можно заслушаться!
Аврам замолчал.
Сапир боялся тревожить мысли мальчика.

Аврам смотрел покойным-покойным взглядом впереди себя.
И Сапир не шевелился. Вдруг тут рождается стих. Или песня.
Иди, знай, может он поэт, Аврам, он ведь такой талантливый!

Сапир не мог знать, что именно в это мгновение рождалась та самая Звезда, которая осветит жизнь поколений на долгие века.
Да что на века?!
Навсегда!
Он не знал, что рождался сейчас праотец всех народов.
Но и Аврам не знал этого.
Просто он услышал тишину.
И в этой тишине было столько покоя, красоты, вечности... Что у него остановилось дыхание.

Вдруг все исчезло.
Бесконечное, чистое пространство коснулось сердца Аврама.
Спроси его сейчас, что он чувствует, он не смог бы объяснить.
Просто не стало ничего.
Ни тел, ни камней, ни цветов.
Оно не пугало – это пространство. Напротив, успокаивало.
Хотелось быть здесь вечно.
Внутри этой тишины.

Он не знал, сколько прошло времени.
Вдруг спросил:
– Сапир, есть и другие животные, правда? И жучки? И птицы?.. Ведь я не все видел?
Сапир даже присел:
– Да ты ничего не видел! Что ты видел, мой мальчик?! Тут столько всего!.. Тут... Ого!.. Тут, знаешь...
Аврам подсел поближе к Сапиру.
– Тут знаешь, сколько всего?! Что ты видел на самом деле?!
– А что я не видел?
Сапир даже задохнулся от чувств.
– Ничего ты не видел! Гнезда орлов, там, в расщелине, ты видел? А как старый тигр-альбинос выслеживает горного барана, видел? А как жучки-богомолы скатывают себе постельку из стеблей одуванчиков? И как после дождя прорываются белые грибы? Как поет дикая рысь, глядя на луну? Как... как... ой!.. Ты многого еще не видел, Аврам!
– Покажешь?! – Аврам прильнул к старику.
– Тебе – все покажу, – ответил Сапир.
– Сейчас!
– Нет, сейчас уже поздно. Завтра. Завтра мы пойдем с тобой за перевал. Только обещай, что будешь меня слушаться! – Сапир строго приподнял палец. – Иначе...

– Буду-буду! – быстро проговорил Аврам. – Буду делать все, что скажешь.
– Завтра двинемся с тобой к горному озеру. Хочешь?
– Очень, – прошептал мальчик.
– Я покажу тебе такое… Мало кто видел это, – сказал Сапир. – Но завтра. А сегодня ты поешь и спать. Договорились? Я подниму тебя, когда будет уходить ночь.
Сапир повернулся и пошел к пещере.
За ним бежал Аврам. То и дело восторженно спрашивал о чем-то, и Сапир, не торопясь, отвечал. Он был счастлив, что хоть в чем-то мог стать знатоком для Аврама.

«И малое дитя поведет их…»

Еще была ночь, когда они встали.
Аврам был послушен, как никогда.
Сапир деловит.
Вышли, когда восток только загорелся.

По дороге через ущелье Сапир разошелся.
Видя, как распахнуты от восторга глаза Аврама, он объяснял и показывал все.
А знал он много, знаменитый следопыт Сапир.
Увидели, как орлица кормит своих ненасытных птенцов.
Они с Аврамом подобрались к самому краю расщелины. Очень близко к гнезду.
Сапир привязал Аврама веревкой к себе.
Аврам был в восторге!
Проследили, как тигр-альбинос выходит на охоту. Неслышно переступая огромными лапами.
Потом замерли, наблюдая, как прорывается сквозь скалы тонкий росток. И нет земли здесь, и нет воды, но непонятная сила толкает его родиться и жить.

Привалы делали только потому, что Сапир волновался за Аврама.
Но мальчик не уставал. Он просил и умолял быстрее двигаться дальше.
Они шли и шли, то поднимаясь в горы, то спускаясь к зеленым лугам.
Ближе к вечеру вышли на узкую тропинку.
Она вилась между острыми скалами.

Первым двигался Сапир.
Аврам был привязан к нему веревкой.
Тропинка резко повернула за скалу.
Сапир шел по ней.
И вдруг остановился.
И отступил.
И вытянул назад руку, останавливая Аврама.

Из-за скалы появилась сначала огромная волосатая лапа.
А за ней оскаленная пасть горного медведя.
Шерсть его шевелилась.
Красные глазки уставились на пришельцев.
И он зарычал, будто спрашивая на своем, на медвежьем: кто вы такие?! Зачем пришли?!
– Мы просто идем, – Сапир старался говорить спокойно. – Мы не потревожим тебя.
Медведь оскалился, не приняв ответа, и встал на задние лапы.
Гигантский, он закрыл собой солнце.
И тут только Сапир понял, что им несдобровать.
Живот медведя был распорот острым предметом, возможно, камнем.
Рык его обрушил лавину в горах.
И тут же смолкли птицы, словно споткнулись.
И гулко ответила расщелина протяжным воем.
Медведь двинулся на Сапира.
Сапир прикрыл собой Аврама.
Рука его медленно поползла к луку, который висел на спине.
– Не двигайся, Аврам, – прошептал Сапир еле слышно. И потянул стрелу из колчана.
Медведь приближался на задних лапах.
И рычал, р-р-рычал, задирая оскаленную пасть, и размахивал перед собой огромными лапами.
Сапир и Аврам, отступая, уперлись в стену.
Три шага отделяло медведя от них.
Сапир не мог больше медлить.
Он вскинул лук.
Мгновенно натянул тетиву.
Медведь рванулся на него.
Сапир отпустил стрелу, но в последний момент почувствовал удар в локоть.
Стрела взвилась вверх и пронеслась над головой медведя.
Медведь навис над ними.

Сапир, расставив руки, закрыл собой Аврама.
Изо всех сил закричал: а-а-а-а!..
Его глаза встретились с глазами медведя.
Тот застыл…
Он смотрел. Но не на Сапира.
Чуть повернув голову, он смотрел на Аврама.
Так прошло несколько секунд.
Медведь не двигался.
Потом медленно вытянул морду и потянул носом воздух.
Сапир почувствовал его горячее дыхание.
И скосил взгляд на Аврама.
Медведь приблизил морду к мальчику.
Обнюхал его.
Сначала лицо, руки, потом все тело…
Снова всмотрелся в него своими красными глазками.
И вдруг лизнул.
Да-да, он лизнул Аврама прямо в нос.
Сапир боялся шевельнуться.
Аврам тоже.
Медведь лизнул его еще раз, повернулся и вразвалку побежал обратно по тропинке.

Тут ноги Сапира отказали, и он свалился на землю, как мешок.
Аврам опустился перед ним.
– А-а-а? – простонал Сапир, не в силах что-либо сказать.
– Я сам не знаю, – ответил Аврам.
– А-а-а, – снова попытался что-то произнести Сапир.
Обессиленно закрыл глаза. Полной грудью вдохнул.
– Он должен был нас порвать, – прохрипел. – Раненый медведь крушит всех. Тигры, львы, буйволы, – никто не выстоит перед ним.
Только сейчас Сапир понял, что случилось.
Он посмотрел на Аврама и сказал:
– А нас он не порвал…
Покачал головой и смолк. Смотрел на Аврама, словно обнюхивал его, как медведь. Потом таинственно произнес:
– Теперь я понимаю, почему Нимрод боялся тебя…
– Почему?
– Ты и сам не знаешь, кто ты.
– Кто я?
– Вот и я спрашиваю: кто ты?..
Сапир смотрел на Аврама.

Аврам вдруг повернулся и задумчиво пошел вверх по тропе.
Сапир с трудом встал и заковылял вслед.

Они шли молча.
Сапир боялся нарушить молчание.
Аврам представлялся ему сейчас большим, как никогда.
Но вот Сапир покосился на солнце и ускорил шаг.
Нагнал Аврама.
– Прости, – сказал он тихо, – что прерываю твои мысли. Но если хочешь увидеть что-то очень-очень красивое, надо торопиться. Солнце садится.
Аврам посмотрел на него невидящим взглядом.
– Что во мне такого, Сапир? Почему меня боится Нимрод?
Сапир вдруг испуганно огляделся. Он не знал, куда деться от этого вопроса и взгляда Аврама.
Его спасло то, что солнце уже коснулось вершины и сообщило об этом тонким лучиком.
Он взял Аврама за руку и осторожно потянул за собой.
– Мы не успеваем! – сказал.
И Аврам вдруг очнулся и воскликнул:
– Побежали!
И они побежали по узкой тропинке вверх!
Перегоняя солнце.

Вот повернули за острый выступ скалы.
Тут тропинка сделала резкий поворот.
Потом взлетела к камню, похожему на профиль орла, спустилась к расщелине, сквозь которую они еле протиснулись.
Сапир вел уверенно.
Аврам до боли сжимал его руку.
– Еще немного, – прокричал Сапир.
Кто-то метнулся перед ними в сторону.
– Это койот. Он трусишка.
Впереди сверкнули огромные желтые глаза.
– Это сова. Она не тронет.
Аврам прижался к Сапиру.
– Еще чуть-чуть, сынок, – подбодрил тот.

И в то же мгновение вдруг за поворотом сверкнул свет.
Секунды прошли, секунды!
И свет ослепил их.
Они выскочили на каменное плато.

Аврам закрыл глаза руками.
А когда открыл...
Сначала смутно, потом яснее начало раскрываться ему чудо.
Они стояли над долиной.
Там внизу в великом покое лежало озеро.
Небо отражалось в нем и птицы в небе.
Множество тропинок вело к воде.
По тропинкам степенно и неторопливо шли животные.
Аврам, пораженный, не мог шевельнуться.
Сапир сиял, как медный котелок.
– Ну? – спросил он тихо. – А?!
Авраму не хватало дыхания, чтобы ответить.
Оно остановилось.
Он видел семью леопардов, а рядом трех грациозных ланей.
Они почти терлись боками друг о друга, не торопясь шли по тропинке.
Он видел тигра и рядом стадо горных быков...
Медведь переваливаясь, трусил к озеру, а справа и слева от него «летели» газели.
Волки с волчатами, лисы, койоты, гиены, олени и оленята запрудили тропинки, ведущие к озеру.
Стекались к нему, как струйки воды.
Они становились у берега и, не мешая один другому, пили, не опасаясь никого и ничего на свете.
– Ну как? – прошептал Сапир. – Ты доволен, мой Аврам?
– Это... – еле проговорил Аврам. – Это Он...
Но Сапир или не услышал ответа, или сделал вид, что не услышал.
– Тут никто никого не тронет, – сказал. – Тут не льется ничья кровь. Такой мир, который нам не снится! – Он произнес свои слова с гордостью... И с печалью! – Сюда все приходят сытыми. Тигр не придет голодным. И медведь не придет. Лев не тронет здесь никого. Потому что это – святое место водопоя. Здесь собирается семья... Семья.
Сапир вдруг замолчал. Он смотрел туда, на эту идиллию, в глазах его стояли слезы.
– Когда мне плохо, я прихожу сюда. И думаю, как хорошо так жить.
Аврам сел на камень.
Он не сводил глаз с этого чуда.
– Я говорил, что тебе понравится, – прошептал Сапир. – Такое не может не понравиться!
На озеро опустились дикие утки.
Лебеди и пеликаны скользили по воде.
Орлы парили, охраняя эту идиллию...

Аврам громко вздохнул.
Солнце уже скрывалось за горой.
Тигр попятился.
Медведь зачерпнул воду лапой и повернулся, чтобы уходить...

Бойня

Садилось солнце.
Заканчивалось чудо единства.

И вдруг резко вскинула голову лань.
Дернулся олень.
Взметнулась голова льва.
Свист прорезал тишину.
Вздрогнул Сапир... Он понял, что происходит.
Аврам увидел, как стрела вонзилась в ногу медведю.
Он взыл, рванулся прочь, но вторая стрела уложила его на землю.
Тучи стрел обрушились на животных.
Аврам застыл в испуге.
На его глазах падали сраженные звери.
Они метались из стороны в сторону, натыкаясь на воинов Нимрода.

Да-да, это он, царь Вавилона Нимрод, пришел в долину убивать.
Он сидел на коне и, подняв свой легендарный лук, стрелял и стрелял, молниеносно меняя стрелы.
Его слуги, размахивая красными тряпками, сгоняли зверей в одно место, сжимали кольцо.
Улюлюканье и свист наполнили долину.
И стоны зверей, не понимающих, что происходит и почему, рвались к небесам!..

Сапир мертвой хваткой держал Аврама.
Тот пытался вырваться, умолял...
– Что они делают?! – кричал. – Их нельзя убивать! Нельзя!
Ужас стоял в его глазах.
Но Сапир не смотрел ему в лицо.
Прижимал к скале и сам плакал. Но держал, держал, не отпускал мальчика. И шептал:

— Ты ничего не сможешь сделать, любимый мой Аврам. Что ты сделаешь против Нимрода!?
Падали сраженные орлы, бились крыльями о землю, пытаясь взлететь.
Газели, пронзенные насквозь, замирали в прыжке и падали набок.
Волки с оскаленными пастями лежали на земле, и глаза их остановились на заходящем солнце.
Войско Нимрода окружало их.
Нимрод никогда не промахивался.
И сейчас бил наверняка.
Да, шло убийство...
Казалось, сама земля сочится кровью.
Ручьями она стекала в воду.
Озеро на глазах становилось красным.

Первым прорвался тигр.
Он смял воинов Нимрода и огромными прыжками стал уходить в горы.
Стрела торчала у него в боку, колыхаясь при каждом прыжке.
В устроенную им брешь рванулись газели, горные козлы...
Лев, облепленный стрелами, из последних сил крушил слуг Нимрода.
За ним уходили те, кто еще мог двигаться.
Но только немногие прорвались.
Сотни и сотни птиц полегли на земле и при взлете.
Нимроду нравилось, как они падают.
Как замирают, пронзеные стрелой, и валятся на землю.

Нимрод добивал самолично того, кто еще шевелился.
...В какой-то миг смолкли стоны и крики.
И наступила такая тишина, которой не знали эти горы.
Просто некому было ни крикнуть, ни застонать, ни вздохнуть.

Нимрод победно оглядел долину смерти.
Да, что и говорить, он был лучшим стрелком на свете.
Теперь никто не мог сомневаться в этом.
Он был царем и богом.
И хотел, чтобы все это знали, все!
Нимрод поцеловал дужку лука.
Повернул коня и медленно поехал мимо застывших воинов.
Ему было уже не интересно здесь.
Жрец Биш проводил его подобострастным взглядом.
И дал команду войску.
Воины спустились с коней и разбрелись среди убитых животных.

Им надо было выбрать самых крупных и сделать из них чучела для дворца.
Шкуры пустить на подстилки, а черепа с отверстиями от стрел разместить в покоях Нимрода, чтобы все видели и боялись.
Ну, а если вдруг попадется живая душа, надо добить ее.

Аврам дрожал в руках Сапира.
Но уже не сопротивлялся.
Вдруг из-за скалы показалась голова тигра.
Он оскалился и, прихрамывая, скользнул в расщелину.
Справа и слева по отвесным скалам проскакали газели.
Вскоре все стихло.

Сапир осторожно повел мальчика обратно.
Камень под его ногой скользнул, перекатился несколько раз и полетел вниз…
Этот звук мог услышать только горный сурок или сова.
Его и не услышал никто, кроме жреца Биша.
Ни одно животное не могло сравниться с ним по слуху и обонянию, по остроте глаза.
Он услышал и поднял голову.
Острый взгляд его сразу же нашел место, откуда исходил звук.
Буквально на мгновение он заметил тень.
Даже не тень, край тени. И тут же отметил, что это не животное.
Метнулся к скале… Как кошка, как горная рысь, почти не касаясь камней, Биш летел вверх…
И вот оно – плато.
Он выскочил на него и огляделся.
Никого.
Медленно ощупал взглядом камни… землю…
Увидел что-то.
В свете уходящего солнца углядел какую-то травинку и поднял ее. Она была поломана посередине.
Взгляд его уперся в расщелину.
Жрец приблизился к ней.
Громко втянул носом воздух…

Вдруг стремительно достал из-за спины лук, из колчана стрелу и, не целясь, пустил её в расщелину.
Видно было, как высекая искры, она ударилась об уступ, отскочила и исчезла в глубине.

Жрец, прищурившись, пристально смотрел в темноту.
Ждал.
По узкой расщелине бежали изо всех сил впереди Сапир и за ним Аврам.
Сапир крепко держал мальчика за руку.
Петляла тропинка.
Но следопыт знал каждый поворот.
Вдруг он остановился.
Прислушался…
И упал на землю, увлекая за собой Аврама.
Стрела, не снижая скорости, пронеслась над головами лежащих.
Сапир вздохнул, поднял Аврама на ноги и, полный тревожных мыслей, быстро увлек за собой.

…Когда они вырвались оттуда, был уже поздний вечер.
Впереди, в стволе дерева, торчала стрела.
Сапир приблизился и прочитал надпись, выжженную на древке стрелы: «Ты не уйдешь от меня».
– Ой, горе-горе, – прошептал Сапир.
Он смотрел на Аврама.
Тот молчал.
– Теперь ни на шаг от пещеры, – приказал Сапир. – Теперь, умоляю тебя, Аврам, слушайся меня во всем, – Сапир тяжело вздохнул. – Старого дурака…

Почему человек убивает?

Три дня Сапир сторожил вход в пещеру.
Как верный пес не смыкал глаз.
Он должен был убедиться, что они оторвались от преследования.
Об этой пещере не знал никто, Сапир был в этом уверен.
Но против них было чутье жреца Биша.
Поэтому все эти дни их еда была очень скудной.
Огонь не разжигали.
Все, что имело запах, замуровали в камнях.
За три дня никто не приблизился к пещере, не пересек долину.
Ни люди, ни звери.
И это успокоило Сапира.

На третий день Аврам, молчавший все это время, заговорил.
– Я хочу остаться здесь навсегда, – сказал он, подсаживаясь к старику.
Перед ними стояли молчаливые горы.
Между горами вдалеке лежала долина.
Она была видна на многие километры вперед.
– Я понимаю, почему ты не хочешь возвращаться, – ответил Сапир. – Ты увидел, на что способны люди.
– Я не знал, что они такие, – ответил Аврам. – Я не хочу никого видеть. Только тебя. Нам ведь хорошо вдвоем, Сапир?
– Хорошо-то, хорошо, – сказал тот. – И я всегда говорю себе: живи здесь, Сапир, зачем тебе спускаться в долину, там злые люди, там давно забыли, что такое добро, любовь... Но я всегда возвращаюсь.
– Почему?
– Ну, семья... Отец твой там... Забота у меня есть обо всех!
Он посмотрел на Аврама и вдруг развел руками:
– А если честно, то даже не знаю, почему... Мог бы все оставить и сказать всем – нет! Я остаюсь здесь.
– Ну, вот и скажем – нет!.. – попросил Аврам. – Скажем, что мы никуда не уйдем отсюда.
Он придвинулся к Сапиру. Он обнял его.
– Ты научишь меня готовить еду. Будем собирать ягоды, грибы, корни...
И вдруг спросил тихо:
– Ведь можно так прожить, правда?
Сапир кивнул:
– Конечно, можно.
– Ну вот! – оживился Аврам. – Я буду наблюдать за природой, я хочу все описать, все, что происходит. Каждую травинку, каждого жучка. Как он выглядит, как живет, всех-всех. И все растения... И как звезды мигают, и им отвечает наша долина... И как хамелеон меняет окраску.
Аврам прищурился и указал на камень:
– Вот и сейчас его не видно, а он здесь.
Камень вдруг зашевелился и, переваливаясь, побежал прочь.
Аврам улыбнулся.
– Я напишу об утре и вечере, солнце и луне... О том, как все-все живет вместе. И как мы все связаны...
Аврам смотрел на горы. По ним уже ползли вечерние тени.
– Даже тигр не загрызет олененка, если сыт, – произнес Аврам. – Ни маленьких, ни больших не тронет лев, чтобы только показать свою силу.
В небе беззвучно парила орлица.
Какое счастье, что она вырвалась из побоища.

– Почему же человек такой, Сапир?
Сапир услышал, как дрогнул голос мальчика.
– Почему он убивает?
В голосе Аврама слышались слезы:
– Почему человек убивает просто так?! Чтобы показать, какой он сильный, да?!
Аврам повернулся к Сапиру, посмотрел ему в глаза и сказал:
– В нем есть такое, чего нет в самом злом звере...

Сапир вздохнул, развел руками и вдруг услышал:
– Сапир?
– Да, мой любимый господин.
– Здесь, в горах, живет человек.
Взгляд Сапира мгновенно изменился.
– Откуда ты знаешь? – растерялся он.
– Я видел поломанную ветку недалеко от нашей пещеры.
– Это был зверь... Они сейчас бродят ночами...
– Нет, это был человек, я знаю.
Аврам в упор смотрел на Сапира.
– Здесь живет кто-то, кроме нас? – тихо спросил он.
– Не знаю! – резко ответил Сапир.
– Кто?!
– Я сказал тебе, не знаю!
– Кто он, Сапир, я тебя очень прошу, скажи мне, – Аврам всем телом потянулся к нему.
– Нет-нет, – произнес тот и отодвинулся от Аврама.
– Это очень важно, – Аврам не отступал. – Очень!
– Но что тебе до него?! – воскликнул Сапир – Нет тут никого. Тут никто не живет.
Аврам не отпускал старика.
– Даже если кто-то тут и живет, я не знаю, как к нему пройти, – пробормотал Сапир. – Не знаю, кто он. Не хочу о нем говорить. И все. И не проси меня.
Аврам смотрел и смотрел.
Сапир не мог выдержать его взгляда.
– С ним запрещено встречаться. Под страхом смерти, – наконец сдался он. И даже оглянулся, не слышит ли их кто-нибудь.
– А мы никому не скажем, – Аврам придвинулся к Сапиру. – Тихо придем и тихо уйдем.
– За его домом следят днем и ночью! – прошептал Сапир. – Ты что, не понимаешь?

– А мы... – начал было Аврам.
Но Сапир не дал ему договорить.
– Ты хочешь, чтобы меня казнили? – спросил он прямо.
– Нет! Что ты?! – испугался мальчик.
– Ты хочешь, чтобы казнили твоего отца?
– Не говори так!
– Ну тогда как ты можешь просить об этом?! Жрец бродит вокруг. Он спит и видит, эта грязная скотина, чтобы палач Сиюта убил твоего отца – благородного Тераха. И тебя... А тогда и мне незачем жить... Ты что, не понимаешь?!
Сапир вдруг осекся.
Он понял, что кричит на Аврама.
Он, никчемный старикашка, кричит на этого мальчика, который и не мальчик совсем.
Он очень большой, очень...
– Аврам, никто не должен встречаться с тем человеком, чтобы не случилось беды, – проговорил он уже тихо. – Нимрод казнит любого, кто встретится с ним. Теперь ты понимаешь, что это за человек?
– Да, – прошептал Аврам. – Он враг Нимрода.
– Еще какой, – ответил еле слышно Сапир. — Нимрод уже давно убил бы его, но не может...
Сапир умоляюще смотрел на Аврама:
– Обещай мне, что ты больше не вспомнишь о нем? Потому что это опасно для всех.
– Обещаю, – ответил Аврам. – Извини меня, Сапир. Я думал только о себе.
При этих словах Сапир вдруг вскочил и в порыве чувств обнял Аврама.
– Любимый мой, Аврам, какой же ты особенный, а?! И как же я тебя люблю!
– И я тебя, – просто ответил Аврам.
– Хочешь, – Сапир вдруг улыбнулся. – Хочешь, я сделаю тебе сладкую лепешку? И ты съешь ее со сладким питьем. Я нашел в горах траву, которая дает силу тигра и уверенность льва.
– Нет, Сапир, спасибо, – ответил мальчик и встал. – Я пойду, Сапир. Я хочу спать.

Он повернулся и направился к пещере.
Было поздно. Или очень рано. Начало светлеть небо.
И проявились звуки уходящей ночи...
Почему-то раньше их не было слышно.

Послышался шорох, но он никого не испугал. Было известно, что это горная лиса возвращается с ночной охоты.
Забила крыльями белогривая орлица, будя своих малышей.
Ухнула сова, завыл койот вдалеке…
Аврам не боялся этих звуков.
Он вообще никогда их не боялся.
Ведь они сопровождали его от рождения.

Спасение

Аврам вошел в пещеру.
Приблизился к своему ложу, устроенному из веток и шкур. Присел, коснулся рукой края постели.
И вдруг услышал истошный крик Сапира:
– Сто-о-о-й!
Сапир изо всех своих сил, на какие только был способен, оттолкнулся от земли, пролетел несколько метров, отделяющих его от Аврама…
Но не успел…
Нохаш – змея, самая ядовитая, хуже нет, впилась в руку мальчика.
И тут же Сапир ногой придавил её.
Она вскинула свою узкую голову, попыталась вывернуться. Но Сапир тут же камнем расплющил ей голову.
Аврам тихо сидел в стороне и смотрел на едва заметный след от укуса на руке.
Сапир схватил его руку. Ножом, не раздумывая, увеличил рану, выпуская кровь.
Метнулся в угол пещеры, высыпал на землю содержимое своего мешка, подхватил какой-то засушенный корень, быстро начал растирать его в пальцах… И этим порошком посыпал рану, которая кровоточила.
После этого упал на землю рядом с Аврамом. И приказал:
– Смотри на меня!
Аврам поднял на него глаза.
Сапир приблизился к нему так, что они почти касались носами друг друга. И зашептал:
– Бог Мота, ты не заберешь его?! Нет-нет!.. Не заберешь! Не заберешь!.. Нет!..
Вдруг он увидел что-то в глазах Аврама.
Аврам покачнулся.

– Умоляю! – закричал Сапир.
Аврам начал медленно валиться набок.
– Не-е-ет!..
Сапир подхватил его.
Аврам терял сознание.
Глаза его закатывались.
Сапир поддерживал его под голову, руки его тряслись.
– Что это, Сапир? – еле слышно прошептал Аврам.
– Не закрывай глаза, Аврам… не закрывай… мой мальчик…
Сапир не договорил.
Аврам повис на его руках.
Он был без сознания.

Сапир смотрел на него мгновение, словно пытался осмыслить ужас происшедшего.
Потом оглядел туманным взглядом пещеру.
Он ничего не искал.
Просто взгляд его блуждал по каменным стенам.
Пока вдруг не столкнулся с божками, выглядывающими из ниши.
Они молчали, божки эти.
Что они могли сказать?
Как они могли допустить, чтобы это случилось?!
Сапир сидел в оцепенении.
Прошла целая минута.
Он знал – спасения нет.
Но не хотел этому верить.
Его мозг работал какими-то рывками.
Мысли возникали и рассыпались.
Он перебирал варианты.

И вдруг пришло холодное спокойствие.
И тогда Сапир схватил Аврама на руки.
Вскочил с колен и рванулся вон из пещеры.
Он бежал по едва заметной тропинке, как молодой олень.
Колючки царапали его ноги, острые камни впивались в них и раздирали до крови, но он не замечал ничего.
На его руках умирал Аврам.
Куда он бежал?
В ночь.
Солнце уже село за горы, и только чуть горело небо, освещая тропинку.
Она петляла, светилась, уводила все выше в горы…

И вдруг пропала.
Пришла кромешная тьма.
Но это не остановило Сапира, наоборот, он припустил еще быстрее.
Он чувствовал дорогу, не видя ее.
Он бежал и не спускал взгляда с лица Аврама.
Дыхание, казалось, ушло из него.
Но Сапир знал, мальчик жив.
Через час Сапир уже сам еле дышал.
С трудом передвигал ногами.
Словно тащил на себе огромный груз.
Он был так поглощен Аврамом, что не видел огромную черную тучу, которая вдруг закрыла луну.
Подул ветер.
Большие капли дождя ударили по камням.
Они стекали по бледному лицу Аврама.
В мгновение дождь превратился в ливень.
Сапир уже не бежал и не шел, он еле полз.
Силы ушли.
Но Аврама он не опускал.

Именно тогда и раскрылась эта расщелина в горах.
А в ней – маленький домишко, больше похожий на корабль. Сбитый из дерева, подпертый камнями, казалось, вот-вот он развалится.
Тем более при таком ливне.
Но он стоял, вопреки всему.
Сапир, не оглядываясь, подполз к дому.
Постучал.

Не знал, конечно же, бедный Сапир, что из шалаша, метрах в пятидесяти от дома, за ним наблюдали шпионы Нимрода.
Их было двое – молодой и пожилой.
Молодой разбудил пожилого и молча указал на дом.
Тот протер глаза.
Сквозь пелену дождя, он увидел человека, лежащего у дверей.
Человек стучал кулаком, видно, из последних сил.
Потом развернулся на животе, как черепаха, и начал молотить ногами.
На вытянутых руках он держал мальчика лет десяти.
Двое в шалаше переглянулись.

Вдруг открылась дверь.
В дверях со светильником в руке стоял грозный Старик.

И голос у него был трубный, даже эти двое услышали.
Вращая выпученными глазами, Старик протрубил:
– Ты зря пришел сюда, Сапир, старая скотина!
– У меня Аврам на руках, – простонал Сапир.
– Я не помогаю людям. Ты же знаешь, я разочаровался в них.
– Он особенный, этот мальчик. Вылечи его!
Старик сделал шаг обратно.
Но Сапир вставил ногу между дверью и косяком.
– Ты не закроешь дверь, – сказал Сапир, – или тебе придется отрезать мне ногу.
Сказал и, морщась, вытянул вперед руки.
На них безжизненно лежал Аврам.
Старик вгляделся в лицо мальчика.
Вдруг стремительно нагнулся.
Нос его почти коснулся лица Аврама.
Его выпученные глаза выкатились еще больше.
– Дай мне его! – прошептал.
Быстро подхватил мальчика и внес в дом.
Он не захлопнул за собой дверь.
И Сапир заполз вслед за ним.

В шалаше напротив дома молодой шпион накинул сухую шкуру кожей наружу и вышел в ночь.
Пожилой остался наблюдать.
Только прошептал ему вслед:
– Скажешь, мальчишка жив. Биш озолотит нас.

Неотвратимая встреча

В доме было тепло.
Горел светильник на длинном столе.
Старик положил Аврама сюда же, на стол.
Разглядывал рану.
Почему-то не торопился.
Сапир прохрипел:
– Я бежал два часа. Время уходит.
– Помолчи! – бросил Старик.
И влил в рот Авраму какую-то жидкость.

Потом отвел руку и, не глядя, стал раскалять нож над огнем.
Сапир отметил про себя, что Старик спокоен.
Это было важно.
Значит, он, Сапир, успел.
Только подумал об этом, как тут же потерял сознание.

Очнулся на деревянной скамье.
Непонятно было, сколько времени прошло.
По-прежнему было темно.
За окном ливень лупил изо всей силы.
Пахло какой-то едкой травой.
Сапир увидел Старика, сидящего за столом.
Потом переместил свой взгляд на Аврама, лежащего на его постели.
– Жив? – чуть дыша спросил Сапир.
– Он не может умереть, – ответил Старик.
– Но его укусил Нохаш!
– Ну и что?
– Он умирал у меня на руках! – Сапир рывком сел на кушетке.
– А как еще можно было тебя, дурака, привести сюда? – усмехнувшись спросил Старик.
– Так значит... – Сапир даже приоткрыл рот, глядя на него. – Значит ты-ы-ы...
– Что?.. Наколдовал?!
Старик хмыкнул и закатил свои выпученные глаза. – Идиоты! – прохрипел он. – Вы все свихнулись с вашими жрецами и магами! Этот парень должен был сюда попасть и попал. Понятно?!
Сапир испуганно оглянулся.
– Чего ты оглядываешься! – протрубил Старик. – Чего вы все боитесь?!
– Тебе легко говорить, – начал оправдываться Сапир. – Они тебя не тронут...
– И ты, старая лиса, боишься за свою шкуру?!
– Мне плевать на свою шкуру! Вот он – моя шкура, только за него и боюсь!
Аврам не шевелился.
Лежало перед Сапиром безжизненное тело самого любимого человека, – и все, и хоть ты вой!
Старик выглянул наружу – все заливал дождь.
Перевел взгляд на Сапира. И бросил:
– Он очнется через двое суток.

Медленно тянулись эти два дня.

Все это время ливень не прекращался.
Наоборот усиливался.
Двое суток Сапир спал или делал вид, что спит, чтобы не разговаривать со Стариком.
Во-первых, это было запрещено, во-вторых, он его боялся, и наконец, Старик и сам не стремился к разговорам.
Сапир, не спрашивая разрешения, перекинул свою постель под ноги к Авраму и или спал, или готовил пищу, или сидел перед мальчиком, раскачиваясь и напевая какую-то однообразную мелодию.

Ровно через два дня Аврам открыл глаза.
Сапир увидел это первым.
– Авра-а-а-м, – простонал он. – Ну, сколько раз я тебя просил, сынок, прежде, чем ложиться, ударь ногой по лежанке…
– Где я? – спросил Аврам, оглядывая жилище.
– Где и хотел, – вздохнул Сапир. – В доме Старика.

Старик, не торопясь, подошел к Авраму.
– Значит, тебя волнует, кто всем этим управляет? – спросил он прямо. – А?..
Аврам даже задержал дыхание: откуда он узнал об этом?! И еле слышно прошептал:
– Да…
– И почему природа добрая, а человек злой?
– Да, – пролепетал Аврам.
– Ну, что ж, поговорим…

В это самое время одинокий всадник осадил загнанную лошадь у ворот столицы.
Была ночь. Ливень не прекращался.
Освещенные факелами лица стражников белели на крепостной стене.
– Кто? – послышался хриплый окрик одного из них.
– Срочное донесение Бишу! – был ответ.
– Пароль?! – послышался другой голос.
– Пьяный сурок.
На стене рассмеялись. Ворота начали медленно открываться. Лошадь под всадником захрипела и повалилась набок.
Он еле успел соскочить с нее. И помчался к воротам.
Быстро миновал их. Стремительно пробежал три изогнутых переулка и оказался у темного здания, напоминающего голову паука.
Гонец постучал.

Дверь открылась.
Охранник увидел гонца и мгновенно посторонился.
Тот пробежал по длинному коридору к резной двери.
Дернул за шнур, привешанный к косяку.
Глубоко внутри звякнул колокольчик.
И тут же холодом подуло из всех щелей.
Послышался звук приближающихся шагов.
Гонец задрожал.
Дверь открылась.
На пороге с кубком в руке стоял Биш.
Красная жидкость в кубке дымилась.
Комната за его спиной тоже была наполнена дымом…
– Говори, – произнес Биш.
– Две луны назад, у дверей Старика появился Сапир, – дрожащим голосом доложил гонец.
Биш кивнул.
Глаза его сверкнули.
– И с ним мальчик, – сказал Биш. Это был не вопрос, а утверждение.
– Да, – еле слышно ответил гонец.
– Ты должен был скакать быстрее, – взглядом Биш уперся в глаза гонца.
– Я не останавливался… Я загнал лошадь, – прохрипел тот и сполз на пол.
Биш перешагнул через него и быстро пошел по коридору.
Вскоре из ворот города в ночь проскакал отряд всадников.
Они скакали молча, и уже сразу видно было: коней они щадить не будут.

Тем временем в дом Старика возвращалась жизнь.
Аврам попытался встать, но Старик бесцеремонно остановил его.
– Лежать пока! – приказал. – Я скажу, когда можно встать.
И тут же продолжил:
– А ты как думаешь? Кто правит миром?
– Не наши боги, – ответил Аврам.
– Ваши боги! – Старик даже захлебнулся от ярости. – Ваши боги – это глиняные истуканы!.. Ваши боги!
Сапир ойкнул, закрыл уши ладонями и попятился к печке.
– Ваши боги! – фыркнул Старик с издевкой. – Носатый старец с бородой – бог солнца и ленивое ничтожество – бог неба! А этот, видите ли, бог земли, поэтому он такой надутый.
Старик коверкал слова и кривлялся:
– Бог мертвых, бог живых, бог ветра, бог моря, бог мусорных куч! Все обезумели с этими богами. Всем отсушили мозги!

Он закипал. И уже начал кружить по дому, с каждым шагом распаляясь все больше и больше.
– Конечно, ему надо управлять своими рабами! – воскликнул Старик, – этому, вашему чудовищу Нимроду!..
– Ну, тише, я тебя прошу тише, – простонал Сапир из своего угла.
– Вот, пожалуйста, – Старик ткнул пальцем в его сторону. – Для этого надо лишить их разума!.. И он лишил их его!

Открытие Аврама

Аврам уже незаметно для Старика сел на кровати.
Он впитывал каждое слово.
– Ну и что стоит за всем этим? – спросил Старик.
– Одна сила, – ответил Аврам, не задумываясь.
В углу раздался треск. Глиняный кувшин выпал из рук Сапира.
Старик уставился на Аврама.
– Откуда знаешь?!
– Знаю.
– Откуда?!
– Чувствую.
Вспыхнули глаза Старика.
– Чувствуешь?!
– Да.

Выпученные глаза Старика вращались, как у хамелеона.
Старик буравил Аврама взглядом.
– А ты спрашиваешь, почему я вас в дом впустил, – вдруг сказал он. – Сапир, ты слышишь, старый?!
– Слышу-слышу, – донеслось из угла. – Лучше бы не слышал.
– Вот из-за него и впустил, – сказал Старик.
И вдруг обнял Аврама.
И Аврам тоже прижался к Старику, как к самому родному человеку.
– Ты тоже это чувствуешь? – спросил Аврам, затаив дыхание.
– Еще как! – ответил Старик.
И тогда Аврам засмеялся.
Легко и так чисто, как смеются только люди, когда их сердце открыто.
И Сапир вдруг засмеялся тоже.

От счастья, от чего же еще! У него было свое счастье. Он понял, что Аврам будет здоров, теперь уже точно.

– Можешь встать, – сказал Старик Авраму.
Аврам тут же вскочил.
– Не так резко, – Старик погрозил ему кривым пальцем. – Ну, и что же выходит? – вдруг спросил.
– Выходит, что у него нет тела, нет головы, нет рук, нет ничего такого... – пытался подобрать слова Аврам, – потому что он... Он – сила... Он – мысль... Он – закон.
Аврам вдруг развел руками и добавил:
– И я это чувствую.
Старик с восхищением смотрел на Аврама.
– Ты чувствуешь, а почему Сапир нет? – спросил.
– Я не знаю, почему Сапир этого не чувствует? Животные, например, чувствуют, а он нет.
– Дался вам этот Сапир, – послышался ворчливый голос из угла. – Сапир, Сапир... Животные – дети природы. Поэтому и чувствуют.
Старик с уважением посмотрел на Сапира.
Вдруг склонился над столом и дунул на него.
Тут же вверх поднялась пыль и перышко дикого голубя, которое почему-то лежало здесь.
– Сапир прав, твои животные, как это перышко, – сказал он. – Дунешь и взлетит. Птица разве думает, взлететь ей или нет?
Так и они... Животные не думают. Куда их эта сила направит, туда они и идут.
– А человек? – спросил Аврам.
– Тот думает, – Старик безнадежно махнул рукой. – Есть в нем то, чего нет в животных. Зло есть в нем. Мысли, что все создано только для него.
– Да, – ответил Аврам. – Если бы люди чувствовали эту силу, то не убивали бы так.
Аврам опустил голову:
– Они убийцы.
В возникшей тишине Старик вопросительно посмотрел на мальчика.
Потом на Сапира.
Тот затараторил, объясняя:
– Да тут мы, случайно. Повел я его, старый болван, в долину, ну, туда к озеру. Я же не мог знать, что Нимрод налетит?!
– А-а-а! – протянул Старик и погладил руку Аврама. – Так поэтому ты хотел спросить меня, почему человек хуже самого злого зверя?
Аврам тяжело вздохнул и молча кивнул головой.

– На озере стояли рядышком все звери – злые и не злые... И не убивали друг друга. А Нимрод налетел и всех перебил. Ты об этом хочешь спросить меня?
– Да, – тихо ответил Аврам.
– Ну, подстрелил бы двух оленей, ну, трех... четырех. Если он, злодей, проголодался. Но он их всех убил...
– Да, – еще тише произнес Аврам. – Почему люди такие, почему?!
Аврам смотрел в глаза Старику. Ждал.
Старик изменился. Взгляд его стал жестким.
Сверкали молнии.
Они отражались в глазах Старика.
– Зло живет в нас. В каждом из нас. Поэтому мы не чувствуем ту силу, о которой ты говоришь. – Старик вздохнул... словно не хватало воздуха в легких.
– А ведь когда-то мы чувствовали эту силу все время, – сказал он тихо. – Знаешь? В той, другой жизни. Я помню это. Жили просто. Жили одной семьей...

Одиннадцать всадников спешились, не доехав до этого места. Несмотря на то, что лил дождь и их не было слышно.
Шли они с большими предосторожностями, завязав морды и копыта лошадей платками.
Оставили лошадей за скалой. Прибилизились к шалашу.
Пожилой охранник вскочил, увидев Биша.
Молча указал на дом.
Биш жестом приказал оставаться здесь.
А сам подкрался к жилищу Старика.
Все было на руку ему.
Кромешная ночь. Ливень, не прекращающийся уже трое суток.
Он знал, с кем имеет дело, – с Сапиром-охотником, у которого звериное чутье, и со Стариком, который видит и знает все.
Но удача шла за ним в этот раз.
Так думал Биш, пристально вглядываясь в еле заметную щелку.
Он увидел Старика.

Мы жили одной семьей

В доме не знали и не ведали, что опасность уже стоит у дверей.
Старик рассказывал, не торопясь:
– Тогда весь Вавилон был одной семьей! Мы не запирали двери. От кого было их запирать?! Они были открыты днем и ночью. Каждый мог войти в любой дом и найти еду и кров. Нам не нужны были деньги. Для чего? Ведь всего было вдоволь, и никто не брал себе больше, чем нужно. У нас не было бедных и богатых. Нам нравилось быть равными. Мы не думали о себе, все мысли были о нас. Не было царей и подчиненных. Был совет мудрецов, которых уважали все. Мудрецы говорили с богом запросто. И мы с ним говорили. Мы ощущали эту силу так, как ощущаешь ее ты, Аврам.
Старик вдруг улыбнулся. Оказалось, что он умеет улыбаться.
Улыбнулся и замолчал.
Аврам и Сапир боялись спугнуть это чудо.
Как он говорил, этот Старик! Ах, как он говорил!
– Мы растворялись друг в друге, равные и любящие! Мы отдавали друг другу все, без остатка, без опаски, отдавали, что у нас было, отдавали вот так, просто, не думая... Потому что чувствовали ее, эту силу. Мы хотели быть такими же, как она... Открытыми... добрыми... любящими...
Старик вдруг посмотрел на Аврама.
Аврам боялся шевельнуться.
Сапир там, в углу, присел, заслушавшись.
– Творец жил тогда в Вавилоне, – громко сказал Старик. – Это был Он.

Лил беспрерывно дождь.
Ничего нельзя было разглядеть.
Вода просачивалась сквозь крышу. Струйки ее стекали по стенам.
Старик выглянул наружу.
Но он не видел жреца Биша, который слышал каждое слово.
Слова Старика не произвели никакого впечатления на Биша.
Они не попадали внутрь.
Там, внутри, для них не было места.
Там, внутри жреца, жил только «великий Биш».
И никто больше туда поместиться не мог.
Все это время Биш через щель между камнями пристально всматривался в Аврама.
Незнакомое ему чувство тревоги все больше заполняло сердце.

Было в мальчике что-то не от этого мира.
Во взгляде его.
В том, как он слушал Старика.
Как впитывал каждое слово.
Он излучал силу. Это чувствовал Биш.
Не ту, нимродовскую, знакомую жрецу силу.
Не ту, которая заставляла дрожать от страха.
Другую. Сила Аврама вызывала не страх, а трепет.
И еще появилось новое ощущение, очень неприятное.
Что его не победить.
Прошла минута, две…
Биш все не сводил взгляда с Аврама.
Дождь заливал глаза жреца.
До него доносился голос Старика.
Но жрец не вслушивался в слова.

А Аврам вслушивался. И еще как!
Каждое слово попадало в цель.
В сердце.
Там и оставалось.
Старик говорил:
– Вот так мы и жили семьей… Долго-долго. У нас успели родиться дети, а мы состарились. Счастливое время. Нам казалось, что так будет продолжаться вечно. Нам очень этого хотелось!.. Но одно дело, что кажется нам. Другое дело – чему положено быть. Вдруг все исчезло, – сказал он тихо. – Мы очнулись однажды… – Старик вздохнул, – чужими.
Сапир простонал в углу.
Старик посмотрел на него.
– Исчезло все. Вдруг, в мгновение ока.
Он перевел взгляд на Аврама.
– Ни любви… ни семьи… ничего. Словно и не было никогда великого Вавилона.
Тишина повисла в доме.
Долгая-долгая.
Удивление и отчаяние были в этой тишине.
Тишину нарушил Сапир:
– Но как может сразу все исчезнуть! Как?! Ну, объясни мне?!
– А вот так! – сказал Старик. – Исчезло и все.
– Я не понимаю этого! Не понимаю!.. Почему вы не держались руками, зубами, мертвой хваткой?! Вот так! – Сапир схватил какую-то палку в углу и сжал ее так, что побелели пальцы. – Вот так! Вот так! – хрипел он

сквозь зубы. – Почему вы не удержали! Почему бросили нас сюда?! В это зловонное болото! К этим собакам! Это вы во всем виноваты! Вы!..

Старик смотрел на Сапира.
Раздражение сменилось удивлением.
Бесстрашный охотник Сапир трясся и плакал.
– Почему?! – повторял он. – Почему?! Ну, почему-у-у-у…

Аврам впервые видел его таким.
Но не подходил, молчал. Ждал.
Сапир смолк.
Старик вдруг сказал задумчиво:
– В нас умерла любовь. Проснулись зависть, гордыня, ненависть. Вот тогда и пришел Нимрод. Наступило его время. Мы привели негодяя править негодяями.
И только он произнес эти слова, забарабанил дождь по крыше сильнее, чем прежде.

Именно эти слова услышал Биш.
Не другие, эти.
Он повернулся и едва заметным движением подозвал к себе воинов.
Лучших воинов Нимрода.
Они все понимали без слов.
Каждый занял свое место.
Ждали сигнала.
И Биш ждал, пока выговорится Старик.
И Аврам ждал.
Все больше и больше понимая, для чего родился на свет.
– Как его победить? – спросил Аврам.
Биш прижал ухо к деревянным ставням и весь превратился в слух.
– Победить Нимрода не просто, – ответил Старик.
Сапир повернулся к нему.
Аврам привстал.
Минуту, две, три длилось молчание.
Этого нельзя было больше вынести…

И первым не выдержал Сапир.
– Слава великому царю Нимроду! – вдруг прохрипел он.
Старик и Аврам одновременно посмотрели на него…
– Царю Нимроду! Богу на земле! – прокричал Сапир каким-то петушиным голосом. И видно было, что он сам боится своих слов.

Он посмотрел испуганно на Аврама.
Выпалил и замолчал.
– Ну вот, видишь?.. – вздохнул Старик. – Даже верный Сапир и тот не может без Нимрода.
– Мне страшно... – пробормотал Сапир. – Мне страшно.
– Мы не хотим больше любить, – сказал Старик. – Нам нужен Нимрод.
Всхлипнул Сапир. Он сейчас представлял собой жалкое зрелище. Размягший, размокший, сразу состарившийся лет на десять.
Аврам обнял его как взрослый маленького.
– Мне страшно, – прошептал Сапир. – Мне страшно за тебя...
– Не бойся, Сапир, – Аврам был спокоен. Его спокойствие передавалось Сапиру. – Я уже начал кое-что понимать.
– Правда? – Сапир с надеждой смотрел на мальчика. – А я ничего не понимаю, мне только страшно. – Сапир понизил голос, – ведь я втянул тебя в этот разговор. Против самого царя.
Сапир сказал это, и глаза его полезли из орбит.
И застыли, круглые и полные ужаса.
– Биш! – прошептал он.
И указал рукой на дверь.
Все повернулись.

Погоня

Старик рванулся к столу, дунул и потушил светильник.
Кто-то ударился в дверь снаружи.
Послышался крик Биша:
– Ломайте!
Дверь затрещала под ударами чего-то тяжелого.
Старик рывком развернул массивный стол и упер его торцом в дверь.
Откуда взялись только силы?
Схватил Аврама.
По ходу и Сапира.
Толкнул их лицом к стене.
Сапир уперся в стену, не понимая, что происходит со Стариком.
Дверь сотрясалась от ударов.
– Помни, – прокричал Старик в ухо Авраму. – Ты пришел победить Нимрода...

Его яростное лицо с выпученными глазами светилось какой-то непонятной радостью:
– И ты победишь его!

Аврам не успел ответить.
Огромный топор проломил дверь и продолжал рубить ее.
Щепки летели во все стороны.
А они стояли, прижатые к стене Стариком.
– Почему ты держишь нас?! – заорал Сапир Старику.
И вдруг почувствовал, что под его рукой поддается стена. Она продавливается внутрь.
Старик толкнул Сапира вперед.
Впереди зиял темный узкий, прорубленный в скале подземный ход.
Сапир стал на четвереньки.
Старик быстро зажег факел и передал его Авраму.
– Двигайтесь прямо, не сворачивая, – скомандовал он. – Дальше будет развилка. Пойдете вправо. Факел потушишь и бросишь налево. Тогда они потеряют вас. Бегите!
Он попытался задвинуть стену, но Аврам помешал ему.
– А ты? – прошептал.
– Меня не тронут, – ответил Старик. – Если бы могли, давно б убили.
За спиной его свалилась дверь.
В дом ворвались «избранные» – рабы Нимрода.
Старик повернулся к ним.
И широко улыбнулся.
Таким его не видели никогда.

Тем временем Сапир и Аврам быстро продвигались по тоннелю.
Факел едва освещал путь. На два шага, не больше.
А дальше – кромешная тьма. Запах сырой земли, прелых листьев и неизвестности.
Позади слышались приглушенные крики.
Сапир полз стремительно, подталкивая перед собой Аврама.

Пятеро рассвирепевших рабов Нимрода вопили на Старика. Без команды они боялись его тронуть.
За их спинами скалился жрец.
Но вот он вышел вперед.
– Ты пользуешься тем, что я не могу вырвать у тебя сердце, – сказал жрец. – Великий Нимрод щадит тебя. Пока…

– А ну-ка, вон отсюда! – приказал Старик и указал рукой на поломанную дверь. – Ты, собака, вступил на мою территорию.
Жрец кивнул головой, соглашаясь.
– Держите его! – приказал он рабам.
Рабы тут же схватили Старика и заломили ему руки за спину.
– Можно причинять ему боль, но ничего не ломать, – скомандовал Биш.
Не торопясь, он сделал круг по комнате, пристально вглядываясь в стены.
Вдруг остановился, поднял руку.
Все увидели, как волосы на его руке встали дыбом.
Он ухмыльнулся.
И уперся рукой в стену.
И тут же стена провалилась внутрь.
Из подземного хода послышался гулкий гудящий звук.
– Свяжите его! – приказал жрец.
Старика связали.
Жрец лично проверил узлы. Затянул их еще сильнее.
Склонился к Старику и прошептал:
– Его надо убить, пока он не вырос.
Улыбнулся своей страшной улыбкой и первым нырнул вниз, в тоннель.

Сапир и Аврам продвигались быстро, но Сапиру казалось, что они еле ползут.
Он все время подгонял мальчика.
Потому что его подгонял страх.
И еще какой!
Немного времени прошло.
И действительно, открылась Авраму и Сапиру площадка, от которой уходили вправо и влево два подземных хода.
Аврам затушил факел и бросил его в левый тоннель.
Наступила кромешная тьма.
Они нырнули вправо, как и наказывал Старик.
Уже через несколько метров ход начал сужаться.
Он словно был рассчитан только на Аврама.
Сапир задыхался, продвигаясь еле-еле.
В конце-концов остановился.
– Ползи сам, – прошептал он, еле дыша. – Я задержу их.
– Я без тебя не пойду, – ответил Аврам.
– Ну, ты же видишь, это не для меня, старого и толстого.
– Тогда я останусь с тобой.
– Аврам?!

– Ты что, не понимаешь, что я не могу тебя бросить?!
– Какой толк, если мы оба погибнем!? – прохрипел Сапир и вдруг закричал на Аврама. – Иди отсюда! Иди!
– Никуда я не пойду, – спокойно ответил Аврам. – Через силу будешь ползти! – добавил. – А я сзади буду подталкивать тебя... Мы пройдем, Сапир!
Где-то вдали уже слышались звуки погони и проклятья рабов, разбивающих свои плечи и головы о стенки узкого прохода.
Аврам щипал Сапира за ноги, а тот, вскрикивая от боли, ввинчивался в узкий тоннель.
Так они и продвигались.
Пока вдруг проход не расширился снова.
И это было таким счастьем для Сапира.
И доказательством правоты Аврама.

Тем временем и преследователи вышли на площадку, от которой вправо и влево уходили тоннели.
Куда идти?
Они остановились на мгновение.
Биш шумно втянул носом воздух.
– Влево! – скомандовал.
И они ринулись влево.
Прошло немного времени, и жрец остановился.
Остановились и рабы.
Не было никаких следов, никаких звуков.
Жрец смотрел вглубь, пытаясь проникнуть сквозь эту черноту.
Белки глаз его изменяли цвет, зрачок засверкал в темноте красным, рубиновым светом.
Жрец проверял пространство впереди себя пядь за пядью.
И понял, что ошибся.
– Обратно! – прохрипел он.
Они развернулись обратно.
Очень быстро вернулись к той же площадке.
Биш увидел факел у входа и понял, что его провели, как щенка.
Глаза его закатились.
Он вздрогнул, упал на спину и забился в конвульсиях, изгибаясь всем телом, как змей.
Рабы в ужасе отступили, прижались к стенам.
Знали, сейчас лучше не приближаться к нему.
Он бился в центре площадки.

Вдруг вытянулся в сторону правого хода и послал туда долгий протяжный стон...
Сорвались со стен летучие мыши.
Горсть песка поднялась и покатилась вглубь.

Стон настиг Аврама и Сапира, когда уже виделся им просвет впереди.
Они похолодели от ужаса, когда он ударил им в спину.
И припустили изо всех сил.
Просвет приближался.
До него оставалось уже совсем немного...
Вдруг Сапир резко остановился, словно столкнулся с невидимым препятствием.
– Что с тобой?! – вскрикнул Аврам. – Бежим!
Схватил Сапира за руку.
Но тот стоял, как вкопанный.
– Великий Биш зовет меня, – произнес Сапир голосом, лишенным всяких интонаций.
Вдруг он крепко сжал руку Аврама, повернулся и потащил его обратно.
Аврам упирался ногами в камни, руками хватался за выступы стены, но силы были неравны.
– Стой!.. Что ты делаешь, Сапир?! – кричал Аврам.
Но стон жреца звал...
И Сапир шел на зов.
Жрец извивался на земле, как на раскаленной сковороде.
Рабы не шевелились.
Сапир ускорил шаг.
Аврам упал.
Сапир волок мальчика по земле...

– Сапир, ты не раб! – прокричал Аврам.
Но тот не слышал его.
– Ты не раб! Не раб! Не раб!.. – повторял Аврам.
Не действовало.
– Сапир думает о великом Нимроде, – монотонно говорил Сапир.
– Не думай о нем! Кто он тебе?!
– Великий Нимрод – бог!
– Никакой он не бог!
– Великий Нимрод – повелитель!
– Не поддавайся, Сапир! – кричал Аврам.
А стон все усиливался.
И приближался.

– Меня зовет хозяин Нимрод, – все повторял Сапир.
– Сапир, любимый мой Сапир! – Аврам пытался перекричать стон. – Вспомни, что говорил Старик: ты не раб его!..
– Он мой хозяин!
– Нет!
– Я не могу без него!
– Можешь!
– Кто еще подумает обо мне, кроме великого Нимрода…

И вдруг Аврам прекратил сопротивляться.
Сапир волок его по земле.
Он ускорил шаг.
Аврам смотрел на него снизу вверх…
– Подумай обо мне, Сапир! – вдруг тихо произнес Аврам.
Сапир чуть замедлил ход, но все же не останавливался.
Жрец звал его.
Стон все нарастал и нарастал…
– Я твой сын, Сапир. Ты называл меня сыном.
Сапир остановился.
– Нас разделяет Нимрод. Но нас скрепляет любовь.
Сапир посмотрел вдруг на Аврама.
– Он зовет меня, – произнес он растерянно. – Я не могу ослушаться!
– Ты не можешь меня бросить, Сапир.
– Я не могу тебя бросить.
– Потому что мы с тобой одно – ты и я.
– Мы одно. Ты и я, – повторил Сапир.
И вдруг прояснились его глаза.
– Погоди! Но ведь он хочет убить тебя!
Он сказал это с испугом и удивлением.
– Что это было со мной?! – спросил, глядя на Аврама.
И тряхнул головой.
– Ты просто устал, – ответил Аврам.
– Ведь он мог убить тебя… – прохрипел Сапир. – Фу-у, – на лбу у него выступили крупные капли пота.

Жрец стонал и стонал. Но этот стон уже не действовал на Сапира.
Стон проносился мимо и тонул в глубине тоннеля.
– Воет, – сказал Сапир.
– Воет, – подтвердил Аврам.
Сапир посмотрел на Аврама:
– Ну и пусть воет. А нам надо бежать.

И они бросились обратно.
Теперь уже не останавливаясь, не отвлекаясь, глядя только вперед, потому что там, впереди, все больше и больше открывалась, росла, звала их белая точка света. Свобода!

Ожидание, откровение

Они вернулись в свою пещеру.
Снова повторилось то, что было после бойни на озере.
Но тогда за ними летела стрела, а сейчас сам Биш преследовал их.
А это куда хуже.
Сапира трясло от страха.
Не за себя, нет, страх от того, что теперь проклятый Биш напал на след Аврама.
Поэтому решил Сапир замуровать вход в пещеру.
И замуровал.
Он был уверен – жрец рыщет поблизости. Злой, жаждущий мести и опасный, как никогда.
От страха Сапир так замаскировался, что даже животные проходили мимо и не могли почуять жилище людей.
Огня не разжигали. Питались кореньями, орехами и пили воду, которая стекала по стенам.
Сидели в тишине. Не разговаривая, знали, что слух Биша очень чуткий.
Сапир не мешал Авраму, не приставал с разговорами.
Вот когда у Аврама была возможность подумать.

Аврам все это время сидел, почти не меняя позы, уставившись в стену.
Или лежал, вглядываясь в каменные своды над собой.
В нем пробуждалось что-то, чего не было раньше.
Это было понятно даже со стороны.
Аврам иногда поднимал руку, иногда улыбался, закрыв глаза. И было видно, что идет в нем внутренний разговор. С кем-то...
С кем? Сапир боялся мешать, но все отдал бы сейчас, только чтобы узнать, с кем общается Аврам...
– Эх, подползти бы к нему и попросить, чтобы шепнул мне на ухо, старому Сапиру, честно, как другу, с кем он там разговаривает. И какой ответ получает...
Так в молчании прошла еще неделя.

Через несколько дней Сапир, осторожно отодвинув камень, высунул нос.
Светило солнце.
Природа после дождя наполнилась красками, – желтые и черные камни, алые и синие цветы, зеленые ящерицы, красные бабочки, голубое небо.
Красота!
Сапир выполз наружу.
Для верности прошелся вокруг пещеры несколько раз.
Он был опытный следопыт.
Принюхивался, приглядывался...
Ничего не заметил.
Не заметил, следопыт, нет!

Вот так и оказалось, что Биш хитрее его.
Уже несколько дней он находился рядом.
Не мог понять, что его держит, но знал, злодей, что Сапир и Аврам где-то поблизости.
Чтобы не выдать себя, он даже приказал «избранным» исчезнуть.
И остался один.
Безмолвным камнем, днями и ночами, он лежал в укрытии, не шевелясь.
Ветер доносил до него звуки, не подвластные слуху нормального человека, – шорохи травы, скрип тростинки, которую волокли на себе муравьи, рождение бабочки, вырывающейся из кокона...
Жрец лежал, не открывая глаз.
Но не спал. Он все слышал, все видел, все ощущал.
И дождался-таки своего часа.
Однажды он услышал новый звук.
Неподалеку от него отодвинулся камень.
...Наивный Сапир. Он сам выдал Аврама.

Когда Сапир вернулся в пещеру, Биш приблизился к их убежищу, не издав ни шороха, ни вздоха. Он был львом, выслеживающим свою добычу, тигром, застывшем перед прыжком, хамелеоном, слившимся с камнем.
Он нашел едва заметную трещину, через которую с его неимоверным слухом можно было услышать, что происходит внутри.
И услышал.
Но он хотел и увидеть.
И тогд
И увидел.
Он вдруг увидел прямо перед собой Аврама.

Аврам в упор смотрел на него.
Жрец отпрянул.
Переждал какое-то время и понял, что мальчик смотрит не на него.
Биш вытащил из кармана обломок стрелы и смазал ее наконечник черной вязкой жидкостью...
Опустил стрелу в отверстие и направил в лоб мальчика.
Пальцы начали разжиматься.
Вот-вот стрела скользнет вниз... И он сможет сказать великому Нимроду, что опасность миновала. Ничто и никто не угрожает его власти.
Через секунду это произойдет...
Через мгновение...
Он разжал было пальцы...
И тут же снова сжал их.
Еле успел ногтями зацепить стрелу.
Потому что вдруг увидел, что Сапир шагнул к Авраму.

Сапир присел рядом с Аврамом.
И прошептал ему прямо в ухо.
– Аврам!

Мальчик не ответил.
Пальцы жреца разжимались.

– Аврам, – снова еле слышно позвал Сапир.
– Да, Сапир, – ответил мальчик.

Стрела проскользнула между пальцами жреца вниз.
В этот момент Сапир нежно дотронулся до руки Аврама и прошептал:
– Нимрод не оставит нас в покое.

И снова жрец остановил стрелу.
Он понял, что должен услышать ответ.

Никогда не подводила его интуиция.
Вот и сейчас она подсказала ему, что убить он всегда успеет.
То, что произойдет сейчас, коснется его лично.
И еще как!

Жрец прислушался.

Аврам посмотрел на Сапира и сел.

– Мы можем победить Нимрода! – сказал Аврам.
– Как?
– Ты уже один раз победил его.
– Когда это я его победил?..
– Там. В тоннеле.
Жрец прижался глазом к отверстию.
– Но я не знаю, как это получилось у меня?!
– О чем ты подумал тогда? – спросил Аврам.
– Я подумал о тебе.
Жрец всматривался в Аврама.
Лицо его сделалось белым.
– Получается, когда мы не думаем о себе, мы освобождаемся от жрецов и магов...
Биш резко зажал в руке стрелу.
– Так же точно мы можем освободиться от Нимрода, – закончил Аврам.

Стрела треснула.
Сапир посмотрел наверх.
Встал и приблизился к трещине.
Всмотрелся в нее.
Жрец не дышал.
Вдруг Сапир вытащил нож и быстро воткнул его внутрь.
Биш еле успел отпрянуть.
– Ты думал обо мне, я думал о тебе, – произнес Аврам. – Поэтому Бог помог нам.
Жрец вздрогнул.
Сапир во все глаза смотрел на Аврама:
– Ему это понравилось?
– Очень. Я не все могу объяснить тебе, Сапир, но мне кажется, что Бог – это сила, которая не думает о себе.
– Получается, что, если мы сможем так жить... Если сможем... не думать о себе... – прошептал Сапир, – то эта сила всегда будет с нами.
– И никто не сможет противостоять ей?!
– Никто!
– Даже Нимрод?!
– Ни Нимрод, ни верховный жрец. Никто. С ней мы всесильны.
Жрец услышал эти слова.
Он ждал именно их.
– Всесильны... — повторил Сапир.
– Да.
Аврам вдруг встал.

Взгляд его блуждал по пещере.
Сапир смотрел на него как на бога.

Новый бог Вавилона

Биш, не шевелясь, сидел в своем укрытии.
Он явно чувствовал, что произошло чудо, которое не подвластно ни ему, ни великому Нимроду.
Маленький Аврам, явно и безусловно, здесь не может быть ошибки, связан с какой-то силой.
Силу эту он слышит, видит, разговаривает с ней. Эта сила – бог, еще не известный Вавилону.
Новый бог.
Бог над всеми богами.

Уже через несколько минут жрец скакал обратно, в сторону столицы.
Ему было что прошептать на ухо великому Нимроду.
Он хотел предложить ему план.
Биш скакал много часов.
Не сделал ни одной остановки в пути.
Не ел, не спал, не щадил скакуна.
Наконец, после долгого изнурительного пути он прибыл во дворец Нимрода. И вошел в зал. За троном, в нише, скалился палач Сиюта.

– Я видел Аврама, великий царь, – сказал Биш. – Сына Тераха. Мальчика, который пришел разрушить твое царство.
Нимрод поднял на него голову и удивленно спросил:
– Он жив?
– Да, великий царь, он живет в пещере, в Великой каменной пустыне.
– Значит, первый министр Терах соврал нам?
– Да, великий царь, твой первый министр Терах – лгун.
– Сын, оказывается, ему дороже царя, – Нимрод усмехнулся и покачал головой. – Ай-яй-яй... Ну, и что же ты сделал с ним, мой верный Биш?
– Я выследил его...
– И убил?!
Нимрод пристально посмотрел на Биша.
– Я хотел убить его, – произнес Биш. – Но передумал.

И мгновенно по невидимой команде палач Сиюта двинулся навстречу жрецу.
Его красные глаза упирались в шею Биша.
– Прощай, Биш, – сказал Нимрод. – Ты же знаешь, я не люблю, когда не выполняют мои приказы.
Сказал и отвернулся.
Нож Сиюты сверкнул возле шеи Биша.
– Два слова, великий царь, – произнес жрец. – Два слова, и можешь делать со мной, что пожелаешь.
Нимрод скосил глаз.
Повернул голову.
Бровь его приподнялась.
Сиюта замычал.
Нож замер в миллиметре от шеи Биша.
– Он был у Старика, и они говорили на равных, – сказал жрец. – Потом расстались. И я видел, как этот мальчик… – Жрец шагнул навстречу Нимроду и прошипел, — говорил с богом.
– С каким богом? – спросил Нимрод.
– Я почувствовал такую силу, от которой меня бросило в дрожь, – еле слышно прошептал Биш.
Вдруг зрачки Нимрода исчезли.
Биш пошатнулся.
Бездна раскрылась ему.
– Я подумал… – каждое слово давалось Бишу, как последнее. – Через Аврама ты станешь всемогущим.
– А если он не раскроет нам своей связи? – тихо спросил Нимрод.
Холод проник в сердце жреца.
– Я должен знать о каждом шаге Аврама, – произнес Нимрод. – Скажи Тераху, я прощаю его.

Книга вторая. Возвращение

Добрая весть

Очень скоро Биш уже стучал в дом Тераха.
С крыши вспорхнула ночная птица.
Зашептались за дверью.
И она открылась.
Терах стоял на пороге.
– Чем обязан твоему приходу?! – спросил Терах, не здороваясь.
– Великий милостью царь прощает тебя, – сказал жрец.
Терах понял, тот знает все.
По спокойствию, с которым говорил.
По его уверенности, по ухмылке.
– Я видел сынка твоего в каменной пустыне, – сказал Биш. – Он там с твоим слугой Сапиром, полным болваном.
Терах долго молчал, но не сумел сдержать волнения.
Голос его дрогнул.
– Как он? – хрипло спросил Терах. – Я не видел его 13 лет.
– Он умен, – ответил жрец. – И он очень мудр, твой Аврам. И будет большим человеком.
– Откуда ты знаешь?
– Я подслушал его разговор с богом.
– Что?
– Да-да, он говорил с богом. И тот отвечал ему.
Жрец развел руками и повернулся, чтобы идти.
– Хорошо, что ты не выдал его, – сказал Биш напоследок. – Великий Нимрод приказал казнить тебя за предательство.
Терах выпрямился.
– Но я попросил помиловать тебя. Веришь?
Терах не ответил.
– Я сказал, что твой сын Аврам будет служить верой и правдой царю. И искупит все грехи отца его. Великий царь смилостивился и приказал, чтобы ты вернул его домой.
– Чем я могу отблагодарить тебя? – тихо спросил Терах.
– Рассказывай мне о каждом шаге твоего сына.
Терах вздрогнул.
О, сколько всяких мыслей в мгновение пронеслось в его голове!
Биш выдержал паузу.
– Я пошутил, – сказал. Глаза его оставались холодными.

Когда он вышел, Терах повернулся и крикнул в темноту коридора:
– Амталей! Наш мальчик возвращается!

***

Они неслись в повозке по каменистой дороге – Терах и Амталей. Сердца их трепетали.
Через пару дней они обнимут Аврама.
Какой он?!
Как встретит их?!
Поймет ли, почему тринадцать лет он жил один, в пещере, среди камней и диких зверей.
За это время родились два его брата – Нахор и Аран.
Но они были другие. Они не могли согреть сердце отца.
Они были просты, понятны, – нормальные дети, как у всех. Не то, что их первенец Аврам! От рождения он излучал любовь.
Это свечение шло от него и издалека.
Белые голуби приносили весточки о нем.
Зашифрованные послания Сапира были редкими, безграмотными, но долгожданными.
Запершись в своей комнате, Терах и Амталей снова и снова перечитывали, что Аврам здоров, что ест с аппетитом (это всегда и обязательно добавлял Сапир). Сегодня полдня рисовал на песке какие-то круги… Ну, и так далее.
Плакали они и смеялись, и ждали до боли в сердце, когда наступит тот самый день и они встретятся.
И вот он наступил.

Когда въехали в Великую каменную пустыню, разом замолчали.
Амталей смотрела вперед, сквозь желто-красные камни. К голубым горам прорывался ее взгляд, к пещере, в которой рос любимый сын ее, Аврам, не знавший материнской ласки. Какой он? Какой?!
Наверное, уже очень взрослый. Конечно, красивый! Конечно же, очень умный…
На кого он похож?!
На нее? Или на Тераха?
Узнает ли он их?..
Вдруг дрогнуло сердце.
Вдали они увидели двух человек, стоящих на тропинке.
Терах не выдержал, спешился и побежал.
Амталей бежала вслед.

– Аврам! – закричал Терах издалека.

Мальчик сорвался навстречу.

– Сын мой! – прокричала Амталей, споткнулась о камень, но тут же вскочила и, плача, продолжила бег.

Они встретились, соединились, обнялись…

И никто не сдерживал слез.

Тринадцать лет разлуки, страха, постоянной тревоги не разделили, сблизили их.

Так и стояли, обнявшись, они.

А Сапир топтался рядом и тоже плакал, разводя руками, этот старый охотник Сапир.

Поединок

На праздничную трапезу Терах созвал весь город.

Все пришли.

Все хотели увидеть сына Тераха, Аврама.

Все считали его мертвым. И вдруг прошел слух, что мальчик жив и совсем не прост.

Кто-то даже поговаривал, что он общался со Стариком в Каменной пустыне. И что тот поразился знаниям его.

Но в это мало верили.

Ведь со Стариком уже семьдесят лет никто не смел встречаться.

В общем, город хотел видеть Аврама.

И тот не разочаровал людей.

И внешне он выделялся.

Высок, как его отец Терах, и красив, как его мать Амталей.

И благороден, как все их семейство.

Но главное, он излучал такую внутреннюю тишину, от которой всем становилось покойно.

Сидел рядом со своими младшими братьями Нахором и Араном и не был высокомерен, и не ощущалось, что он – старший. Сидел, говорил на равных, хотя Нахору минуло только девять лет, а Арану – всего семь.

Сначала праздновали дома, а потом веселье стихийно вылилось на улицы.

Давно ночные улицы столицы не видели бесшабашно танцующих людей, давно столько радости не выплескивалось.
Все больше грусть, опаска, усталость…
Терах выпил вина впервые за тринадцать лет.
И танцевал в обнимку со всеми.
Где вы видели такое, чтобы первый министр Нимрода обнимался с мусорщиком или смотрителем центральной башни?!
Но так было.
И это записано в летописи города.
Кто-то даже вспомнил далекие времена, о которых рассказывали отцы и деды, когда все были равны, когда чувствовали себя одной семьей…
Но, стоп, тс-с-с!
Об этом нельзя говорить вслух.

Потом вернулись домой, чтобы не будить город, и продолжали веселиться.
И могли бы вот так, спокойно, радоваться до утра.
Но в разгар веселья, ровно в полночь, вдруг распахнулась дверь.
И тут же оборвалась песня, смех, голоса…

Во двор дома медленно, оглядывая всех, вошел палач Сиюта.
И замер, оскалившись.
За ним прошел жрец Биш. И стал в стороне.
За жрецом на вороном коне въехал Нимрод.
Народ попятился.
Упал на колени.
Нимрод остановил коня посреди двора.
Обвел глазами всех.
Нашел Тераха.
Тот тут же склонился перед ним.
– Прими мои поздравления, Терах, – сказал Нимрод.
– Для меня великая честь видеть тебя на нашем празднике, великий царь.
– Где сын твой, Аврам? – спросил Нимрод.
Из толпы вышел мальчик, стал рядом с Терахом и тоже склонился перед царем.
– Ты, говорят, знаешь другого бога?! – спросил Нимрод.
Терах незаметно подтолкнул Аврама.
– Не бойся, говори все, – произнес Нимрод. Он заметил движение Тераха
– Я долго наблюдал за природой, – начал Аврам.
– Ну, и что ты увидел?
– Что она прекрасна.

– Так-так...
– Что великая гармония и сила содержится в ней.
– Так-так-так...
– Он глупый, маленький мальчик, – попытался было вмешаться Терах, но Нимрод поднял руку.
– Молчи!
И тут же с полуулыбкой обратился к Авраму:
– А ты говори!
– Я почувствовал эту силу, – сказал Аврам.
Нимрод посмотрел на него в упор и вдруг усмехнулся.
– Когда я слышу «почувствовал», я понимаю, что передо мной стоит маленький лжец...

Аврам молчал. Что он мог сказать?!
У Тераха перехватило дыхание. Он знал Нимрода.
– Если это – сила и ты ее почувствовал, дай и мне почувствовать ее.
– Этого я не могу сделать, – произнес Аврам.
Нимрод вдруг снял с плеча свой любимый лук и протянул его Авраму.
– Держи! – сказал он.
Аврам взял лук и тут же выпустил его на землю.
Лук был очень тяжелым.
– Передайте его мне! – приказал Нимрод своим рабам.
Трое слуг с трудом чуть приподняли лук над землей и тут же опустили его.
Подошли еще трое.
Эти шестеро еле оторвали лук от земли.
Кряхтя, держали, стараясь выпрямиться, но не могли.
Нимрод смотрел на всех свысока.
– Видите? – спросил он.
Толпа зашумела восторженно.
– Чувствуете?!
Толпа зашумела еще громче.
– Это сила, которую вы чувствуете и видите, – произнес Нимрод и легко подхватил лук из рук рабов.
Толпа вздрогнула, и тут же послышались голоса.
– Слава великому Нимроду!.. Силе, которого нет равных... Слава! Слава!.. Слава!..

– Посмотрите на эти облака, – велел Нимрод.
Все разом подняли головы и увидели ночные облака.
Нимрод вытянул руку в их сторону.

Не прошло и секунды, как облака ожили.
Вначале медленно, а потом быстрее и быстрее раздвинулись, раскрывая луну.
– Видите? – спросил Нимрод
– Видим! – воскликнули все разом
– Слава великому Нимроду! Слава! – закричали люди и Терах вместе с ними.

Нимрод резко повернул голову в сторону стола, наполненного явствами.
Он смотрел на него, не отрывая взгляда.
Вдруг стол вздрогнул, заскрипел, ножки его подкосились, и он рухнул, размазывая по полу еду.
Никто не шелохнулся.
Все были в глубоком изумлении.
Сиюта беззвучно смеялся пустым ртом.
Нимрод повернул коня и медленно выехал прочь.
За ним быстро выбежали слуги.
За слугами жрец.
За жрецом двинулся палач Сиюта.

Когда вышли на улицу, Нимрод движением пальца подозвал жреца.
Сказал, не глядя на него:
– За ним кто-то стоит. Головой ответишь, если упустишь.

Творец и глиняные болванчики

После посещения Нимрода все начали поспешно прощаться, отводить при этом глаза и стремительное выскакивать за дверь.
Короче, гости бежали.

Не прошло и нескольких минут, как Терах и Амталей, Аврам, Нахор, Аран и Сапир остались одни.
Как только за последним гостем закрылась дверь, Терах стремительно подошел к Авраму:
– Если не хочешь, чтобы тебя признали сумасшедшим и отрубили голову на главной площади, молчи!
Он был испуган, бледен и почти кричал на Аврама:

– Помни только, что есть один великий царь – это Нимрод. Есть бог на земле – это Нимрод. Есть один закон – это закон Нимрода! И жизнь наша – жизнь для него.
Ойкнул Сапир, он стоял в углу комнаты, прижавшись к стене.
Терах резко повернулся к нему.
– Ах, это ты, старое чучело! – заорал. – Ты куда смотрел?!
– Так я ж… – запнулся Сапир
– По твоей вине, дубина, его ужалила змея!
– Я… думал… – пролепетал Сапир.
– По твоей вине, скотина! Этот проклятый Старик заморочил голову нашему Авраму!
– Хозяин… – простонал Сапир. – Я хотел…
– Я еще доберусь до тебя, старый осел! – Терах погрозил ему кулаком и вдруг услышал голос Аврама:
– Это я…
– Что ты?! – выкрикнул отец.
Тут же вплотную придвинулся к Авраму.
И с нажимом, глядя ему в глаза, произнес:
– Есть боги. Их много. Они охраняют нас. И никому не дано право сомневаться в них. Ты меня слышишь, Аврам?! Слышишь?
Аврам вздохнул. И Терах вдруг увидел слезы у него в глазах.
Аврам молча развел руками, хотел что-то вымолвить и не смог.
Слезы душили его.
Терах взглянул на Амталей.
Та плакала, зажав рот рукой…
Нахор и Аран молча стояли в стороне – эти ничего не понимали.
– Сынок… – произнес Терах, но уже совсем по-другому, – мы с мамой просим тебя…
Рука его коснулась плеча Аврама.
– Мы боимся за тебя.
Он прижал Аврама.
Аврам уперся головой в грудь отца.
– Да и о нас подумай тоже, – тихо закончил Терах.

Аврам замер.
Чуть отстранился.
Посмотрел в глаза отцу.
Терах кивнул ему.

– Я буду молчать, – сказал Аврам.
Терах громко вздохнул.

Амталей вытерла слезы…
– Я буду молчать, – повторил Аврам.

***

Утром, еще только встало солнце, Терах вошел в комнату.
Аврам не спал.
Отец приказал ему одеться и идти вслед за ним.
Уже стоял накрытым стол.
Молча поели.
Амталей наблюдала за ними, стоя в стороне.
Аврам хотел было что-то сказать, но отец предупредительно поднял палец, требуя молчания.

Он встал первым из-за стола.
Прошли по длинному коридору во двор, пересекли его и оказались у небольшой постройки.
Внутри, в полутемном помещении без окон, масляная лампа тускло освещала огромный круглый стол.
На столе стояли изваяния богов.
Их было много.
Разных размеров, в разных одеяниях, с разным выражением лица.
Терах оглянулся на Аврама.
Аврам попытался изобразить восторг.
Не очень получилось.
Терах опустился на колени.
Аврам, помедлив, вслед за ним.
– О, великие боги! – впервые за все это время заговорил Терах. – Позвольте языку моему произнести слова, восхваляющие вас…
Он покосился на Аврама.
Кивнул ему.
И Аврам понял, повторил за отцом:
– … слова, восхваляющие вас…
– А сердцу биться, чтобы я мог служить вам.
– А сердцу биться… – повторял Аврам.
Повторял, а сам тем временем оглядывал глиняные фигурки.
Вот у одного чуть перекошен нос, похоже, не доглядел отец, у другого косит глаз, явно косит. Интересно, как отец и это упустил?!
А вон божок, у которого вообще только четыре пальца. Ничего себе?! Действительно четыре!..

Пока Аврам наблюдал, отец произнес утреннюю молитву и завершил ее словами: «Великие, всемогущие, вы дали мне право изобразить вас такими, какие вы есть, и пусть будет тверда моя рука, остры глаза и открыто сердце, чтобы представить вас во всем вашем величии и чтобы чтил и боялся вас всякий смертный. Я приступаю!»
Снова покосился на сына.
– Я приступаю, – повторил Аврам.

Терах остался доволен.
Он не усмотрел иронии в голосе Аврама, а видел только покорность воле отца.
Хорошо сыграл Аврам.

Отец встал с колен и сразу приступил к обучению.
Он показал, как замачивает глину, как работает на гончарном круге, как тщательно вылепливает лицо бога.
– У каждого божества свой характер, – объяснял. – Это Мардук – главный бог. А поскольку он главный, то в обличии его должна быть строгость. Видишь, какой у него проницательный взгляд, а здесь две морщинки, ты их делаешь этой тонкой палочкой. И глаза его чуть прищурены. Потому что он видит тебя насквозь...
Аврам послушно кивал.
Отцу это нравилось.
– Силы ты добиваешься прямой осанкой, гордо поднятой головой, видишь?
– Да-да, – отвечал послушно Аврам.
К середине дня Аврам уже сидел рядом с Терахом и месил для него глину. Он внимательно наблюдал, как сноровисто отец лепит божков.

...Но на самом деле мысленно он блуждал по долине, которая расстилалась перед их пещерой.
Разглядывал звезды, они подмигивали ему, входил в лес и явно слышал шепот его: «Ты под защитой, Аврам».
Высокая трава щекотала его ноги, гордая лань выходила навстречу...
Он приникал к роднику и пил обжигающе холодную воду...
И вдруг все растворилось в белом бесконечном пространстве. Аврам не испугался.

– А теперь мы делаем ему глаза, – послышался голос отца и все исчезло.
Отец склонился над божком.

– Прожигающие, – объяснял он, сопя. – Ведь это Нергал, владыка подземного мира!
Отец выпрямился и показал Авраму божка.
– Ну?! Как тебе?!
– Да, – ответил сын. – Это владыка подземного мира, да.

…И снова он лежал перед костром.
Над ним звезды сыпались вниз.
Луна, казалось, покачивалась.
У Аврама перехватило дыхание от того, что он чувствует Силу. Добрую, творящую добро.

– Молодец! – вдруг услышал он голос отца.
Оказывается, Аврам показывал отцу статуэтку, которую сам же и вылепил.
Отец восторженно разглядывал ее.
За это время Аврам успел изготовить божка.
Удивительно! Он думал о Творце, а руки лепили глиняного болванчика.
– Мы будем работать вместе, я знал! Я знал, да!.. Знал, что ты у меня молодец! За один день, слету. И как точно!
Он растроганно обнял Аврама.

«Отец, но ведь все это ложь!»
Нет, Терах не слышал этих слов.
Да и Аврам не произнес их вслух.
Он молча смотрел на отца.
«Бог – это Закон Любви, которой нет границ».
Ему так хотелось, чтобы отец услышал.
Но знал, что сейчас не услышит.

Терах возбужденно сказал:
– Пойдем! Время открывать. Сегодня ты научишься главному.
И повел его к двери в глубине комнаты.
Они вошли в другое помещение.
Это была лавка.
На полках ровно стояли божки.
Они распределялись по размерам и действию.
Божки неба – от десяти сантиметров до полуметра, стояли на верхней полке, божки земли на нижней. А между ними много было всяких разных.
Отец показал на стул в углу и сказал: молчи и запоминай.
Аврам сел.

Отец открыл дверь.
Не прошло и пяти минут, как в лавку вошел странный покупатель.
Его глаза казались черными или из-за темных кругов под ними, или из-за странных зрачков, глубоких, черных и не отражающих ничего.
Он, ни на кого не глядя, двинулся сразу к полке с богами смерти.
Остановился перед самым маленьким божком.
Аврам увидел, как под взглядом человека божок вздрогнул и прямо на глазах начал плавиться, пока не превратился в кусок бесформенной глины.
Странный человек перевел взгляд на следующего божка, чуть большего размера.
С тем произошло то же самое, только на это пошло больше времени.
Человек перешел к божку самого большого размера с локоть высотой.
Он смотрел на него долго.
Он даже сделал шаг вперед.
Божок «держался».
Подобие улыбки сверкнуло на лице человека и тут же испарилось.
Он оглянулся почему-то на Аврама, а не на Тераха. И мальчика еще раз поразил этот взгляд, холодный и безжизненный.
Человек сказал:
– Я беру этого.
Взял его, положил серебро на полку и вышел.
– Этот человек болен? – спросил Аврам.
– Этот человек – черный маг, – спокойно ответил Терах. – Они выбирают тщательно, но и платят хорошо.
– Но этот человек болен, – сказал Аврам.
– Нет, он погружен в себя. Куда бы он ни шел, бог смерти всегда с ним.
– И ему верят люди?
– Он самый почитаемый. После жреца Биша. Он вызывает бога смерти и тот отвечает ему. Если кто-то просит услышать голос умершего, то он идет к нему, магу. Маг устраивает встречу. Это стоит больших денег, сынок.
Аврам молчал.
Он сидел, понурив голову.
Он вдруг подумал, что никогда не сможет никому ничего объяснить.
Ужасное ощущение.

В магазин вошла молодая женщина, которая выглядела не по возрасту старой и усталой.
Так же она и передвигалась.
Глубокая печаль, казалось, навсегда поселилась на ее лице.

– Я не могу успокоиться, Терах, – сказала с порога.
Голос ее был тусклым, лишенным жизни.
– Советую тебе взять бога воды Эа, – ответил Терах. – Я сделал его сегодня и почувствовал, буквально почувствовал, силу его. В этот раз у меня получилось с ним соединиться. Он ответил мне. Он ответит и тебе.
– Он ответит мне?! – встрепенулась женщина.
Терах снял с полки фигурку бога.
– Вот, с ним я разговаривал.
– Я так хочу, чтобы он услышал меня, – произнесла она.
Потянулась к статуэтке, осторожно взяла ее из рук Тераха и прижала к груди.
– Я так устала жить с этой болью.
– Когда началась эта боль? – спросил Терах
– Когда мой муж погиб на великой стройке.
– Что с ним случилось?
– Он разбился... Мы только поженились. Я так хотела иметь от него детей! А потом мне сказали, что будто бы он не сам упал.
– Не верь никому! – прервал ее Терах. – Верь богам. Вот ему верь, – указал на бога воды у нее руках. – Дважды в день поливай его водой. Вода должна быть свежая, только принесенная из Тигра. Польешь и тут же возноси молитву.
– Сколько он стоит? – спросила она.
– Один сикль.
– Но у меня нет столько денег?! – испуганно произнесла она.
И начала судорожно рыться в маленьком мешочке, привязанном к руке.
– Вот! – вытащила серебро. – Даже половины у меня нет...
– На богов нельзя жалеть денег, – произнес Терах. – А особенно на таких!..
– Но у меня нет больше! – прошептала она.
– Может быть, возьмешь меньшего?!
– Нет-нет, только этого, которого ты почувствовал... Терах, я не могу больше ходить с этой болью, жить с ней, просыпаться...
Терах покосился на Аврама.
Тот, выпрямившись, смотрел на женщину.
– Словно кто-то сидит внутри и съедает мою душу, – шептала она. – Кто это?! Чего он хочет от меня?! Терах, помоги мне!..
Она прижимала божка к груди. И он подрагивал в ее руках.
Терах еще раз взглянул на Аврама.
Тот не менял позы. Как застыл.
– Ладно! – сказал Терах. – Бери.
– О, великий Терах! – воскликнула она.

И засмеялась от волнения.
Начала вытирать слезы.
И пятиться к двери.
– О, великий Терах!.. Только бы он помог мне... Только бы помог!..
Она повернулась и выбежала из лавки.
Терах развел руками, вздохнул и посмотрел на Аврама. Но не прочитал на лице его понимания.

– Говори. Не держи в себе, – приказал отец.
– Почему ты не отдал ей бога просто, без денег? – спросил Аврам.
– За богов надо платить, – жестко ответил Терах. – Надо оторвать от себя хоть что-то, чтобы бог помог тебе.
– Но он не поможет ей.
– Почему ты думаешь, что не поможет?
– Потому что ты и сам не веришь в это, – сказал Аврам и посмотрел отцу прямо в глаза.
– Я верю! – жестко ответил тот.
– Веришь?
– Верю!
– Как он поможет?
– Она будет молиться ему, и он поможет.

Аврам смотрел на отца.
– Ты веришь? – снова тихо и удивленно спросил.
– Ты думаешь, я обманываю людей, когда рассказываю им о богах наших?
Аврам не ответил. Но и не отвел взгляда.
– Ты хочешь, чтобы я забрал у них последнюю надежду? – спросил Терах. – Чтобы сказал им, что нет богов?! Что есть некая сила, которую нельзя увидеть? Нельзя к ней прикоснуться, нельзя посмотреть ей в глаза и просто по-человечески попросить... Ты хочешь, чтобы я забрал у людей последнюю надежду?! Нет, я не сделаю этого. Потому что в этом нет сострадания.
Аврам опустил голову. Снова страшная мысль пронзила его. Ему никто не поверит, нет. А вот отцу поверят. В его словах есть боль, сострадание... Есть ли она в Авраме?!

Мысли прервал скрип двери.
Вошел новый посетитель.
Это был толстяк, и сразу было видно, что он богат, знатен и, уж точно, у него есть все на свете.

Ленивый, представительный, он оглядывал полки без всякого интереса.
– Терах, – сказал он, словно только сейчас увидев его. – Где тут у тебя бог веселья?
– А вот! – Терах снял с полки веселого глиняного толстяка с красным лицом. – Их раскупают, не успеваю делать!..
– Он веселит?
– А как же?!
– Как он это делает?
– Смотришь на него и начинаешь смеяться.
– Просто начинаю смеяться?
– Просто начинаешь смеяться и не можешь остановиться.
– Уже целую неделю я грущу…
– Почему?
– Да все мне надоело, Терах. Ты можешь поверить?.. Вчера пороли моего раба… Обычно это вызывало во мне хотя бы интерес, а на этот раз – ничего. Ничего! Или позавчера, например, я блестяще провел суд, доказал, что есть заговор против великого Нимрода. И получил всеобщее одобрение. А я сижу и ничего не чувствую. Терах, я ничего не чувствую!..
И тут вдруг неожиданно для Тераха в разговор вступил Аврам.
– О, достопочтенный, не знаю, как зовут вас, – сказал он.
– Судья Вавила, – подсказал отец. И тут же пояснил судье, – Это мой сын, Аврам.
– Достопочтенный судья Вавила! – воскликнул Аврам. – Думаю и уверен что отец со мной согласится, что если у вас случай долгой апатии, это значит, что недостаточно вам взять одного бога веселья…
– Не достаточно? – удивился Вавила.
– Надо взять их не менее десяти, чтобы они все вместе веселили вас.
Судья Вавила заинтересованно посмотрел на Аврама. Перевел взгляд на Тераха.
Тот помедлил…
Но все-таки закивал головой.
– Десять? – переспросил Аврама судья.
– Именно!.. И причем, самых больших, не маленьких, чтобы уже точно развеселили!
– Кхм-м-м, есть в твоих словах логика, – сказал судья.
И оживился.
– Давай десять, Терах!.. Больших!
– Не знаю, есть ли, – засомневался Терах, подсчитывая богов. – Есть только семь. Предлагаю взять еще трех поменьше…
– Как это поменьше?! – возмутился судья. – Больших! Только больших! Чтобы уже точно сработало!

— Я не ожидал, что кто-то возьмет такое количество... — начал было Терах.
— И слушать не хочу! — воскликнул судья — Неужели ты не хочешь помочь мне, Терах?! Я прошу тебя.
— Господин судья, — Аврам пришел на помощь отцу. — Берите сейчас семерых, а еще трех мы с отцом успеем сделать до вечера. Присылайте своих слуг забрать их.
Судья Вавила хмыкнул, сразу соглашаясь, не глядя, отсчитал положенное количество сиклей, помедлил и добавил еще от себя Авраму в подарок.
— Это тебе, — сказал он, — смышленый Аврам.
И перевел взгляд на Тераха.
— Завидую, Терах. Хорошая тебе замена. А мой — оболтус, на уме только продажные женщины и еда.
Вздохнул:
— Что делать с ним, не знаю.
— На это есть бог страха! — сказал Аврам, снимая с полки божка с прищуренным взглядом.
— Вот этот!
— Поможет?
— Обязательно!
Терах не успел ответить.
Да его никто и не спрашивал.
Судья расплатился. Кивнул слугам. Они схватили бога страха, еще семерых божков и быстро выскочили из магазина.

Отец стоял, восхищенно глядя на Аврама.
— Сколько мы наторговали за десять минут! Из тебя будет толк.

***

Ночью Аврам не мог заснуть.
Уже давно было тихо в доме.
Мама поставила перед кроватью Аврама маленькую богиню Айя, супругу великого Шамаша.
За окном ночной сторож отстучал полночь.
Все ушли.
Все уснули.
Только он не спал.

Нет, еще один человек маялся в эту ночь.
Шпион Медан наблюдал за домом Аврама.

Он не смыкал глаз, знал, что жрец не простит, если он что-то упустит.
С высокого дерева за забором он видел Аврама.
Тот сидел на кровати.
Шпион не знал, почему тот не спит.
Но не удивлялся.
Он уже давно понял, что это не простой мальчик.

Вставал перед Аврамом день прошедший.
Фигурки божков, от которых ломились полки. Люди, которые прижимали их к себе дрожащими руками.
Они слепо верили, что божки будут им защитой.
Вспоминался отец, с которым Аврам не мог поделиться самым главным.
Он просил за отца.
Уже понимал, что молитвы за себя быть не может.
Он просил за отца, за всех этих людей, которые вдруг стали дороги ему.
Он просил раскрыть им глаза.
Он не хотел быть единственным, который почувствовал Творца.
Ведь Он для того и раскрылся ему, чтобы об этом узнали все.
Аврам хотел, чтобы это случилось сейчас!
– Как рассказать им о Тебе? – вдруг произнес он вслух.

Шпион Медан насторожился.
Он не слышал слов, но видел, как зашевелились губы мальчика.
Спустившись с дерева, Медан пробрался во двор.

– О великой любови твоей?
Аврам больше ничего не говорил.
Он продолжал вслушиваться в тишину.
И вдруг заплакал, все-таки он был еще молод.
Это произошло неожиданно.
Потокамипотекли слезы.
– Научи меня говорить с ними, – прошептал Аврам.

Медан вытянул шею и незаметно заглянул в комнату.
Аврам лег и не мигая уставился в потолок.
На потолке мерцали отблески светильника.
Медан посмотрел туда же, наверх.
Ничего не увидел там.
Перевел взгляд на кровать…
И вдруг отпрянул.
Аврама на месте не было.

Медан перегнулся через порог.
Но и в комнате не было мальчика.
Никого.
Засуетился, похолодев, не зная, что ему делать.

И вдруг бесшумно открылась дверь.
Медан вжался в стену.
Из дома вышел Аврам и быстро зашагал по улице.

Потому что нет справедливости…

Аврам шел, не оглядываясь.
Улицы были пустынны.
Ущербная луна еле светила.
Удивительно, но стража у главных ворот дремала.
И еще одна странность – ворота были приоткрыты.
Аврам, не останавливаясь, выскочил наружу.
И быстро растворился в темноте.

Шпион растерянно стоял за воротами, вглядываясь в ночь.
Он не решался двинуться дальше.
Но страх перед жрецом был сильнее.
И Медан шагнул в ночь.
Шел, слыша шаги впереди.
Легкие, они едва улавливались.
Но не исчезали, вели за собой.
Аврам пересек поле и приблизился к лесу.
Он был виден в свете луны.
– Неужели он войдет туда?! – Медан содрогнулся от страха.

Аврам, не задумываясь, вошел в лес.
Шпион помедлил перед деревьями.
Вдруг из глубины леса послышался протяжный вой.
Медан пробормотал что-то, нащупал амулет на шее, резко выдохнул и пошел за Аврамом.
Аврам шел уверенно, словно знал дорогу.

Но вот впереди промелькнула тень.

Шпион увидел и застыл.
Огромный волк пересек дорогу Авраму.
Мальчик остановился.
Волк оскалился и начал приближаться.
Аврам не шевелился.
Волк уже совсем близко подошел к нему.
Только сейчас шпион вспомнил, что за спиной у него лук.
И что он головой отвечает за мальчика.
Вдруг перестали дрожать руки.
Медан снял лук, быстро вытащил стрелу.
Прицелился…
Он видел глаза волка.
Уже готов был спустить тетиву…

Но Аврам вдруг поднял руку.
И Медан увидел, – волк сел на задние лапы.
Как по команде.
Аврам коснулся рукой его шерсти.
Волк вытянулся ему навстречу, как домашний пес.
Медан стоял, застыв.
Он не верил своим глазам.
Из чащи вышла волчица, за ней бежали семеро волчат.
Все они обступили Аврама.
Он присел и начал играть с ними.

Сова, взлетев с дерева, испугала шпиона.
Он пригнулся.
Птица промелькнула мимо, чуть не задев крылом его голову.
И опустилась на ветку прямо над Аврамом.
– У-у! У-у! – проукала сова.
– Вау-у-у, – затянули в один голос волки.
– Р-р-р-р, – раздалось из леса глубокое урчание и на поляну вышел тигр.
Никто не испугался, не бросился бежать.
Тигр приблизился мягкой кошачьей походкой.
Семеро волчат суетились у его ног.
Тигр сам подставил свою голову под руки Авраму.
Аврам гладил его, тот урчал, как кот, и терся своим боком о мальчика.

Шпион стоял, замерев, с полуоткрытым ртом.
Так прошло несколько минут.
И вдруг стрела засвистела в воздухе.

Она была пущена не Меданом, кем-то другим, из чащи леса. Железный наконечник сверкнул в свете луны...

Аврам успел оттолкнуть тигра в последнее мгновение.
Стрела пронеслась мимо и вонзилась в ствол дерева прямо перед лицом шпиона.
Вторая стрела прорезала воздух.
Она была направлена уже в Аврама.
Аврам пригнулся, взмахнул рукой и животные бросились в чащу.
Все, кроме тигра.
Тот зарычал и его желтые клыки блеснули в ночи.
Он не хотел оставлять мальчика одного.
Но Аврам положил руку ему на спину, легко подтолкнул тигра, и тот исчез в чаще.
Аврам спокойно обратился в темноту:
– Кто ты, человек?
Не было ответа.
– У меня нет денег, – сказал Аврам.

И тут на поляну вышел огромный полуобнаженный человек с луком и стрелой, направленной в грудь Авраму.
Шпион прижался к дереву.
Лицо разбойника закрывала черная тряпка с прорезями для глаз.
– Что ты делаешь здесь ночью? – спросил человек.
– Иду себе и иду.
– Куда?
– Я не привык жить в городе. Когда мне надо подумать, я иду в лес.
– Ты или бесстрашен, или глуп, – сказал незнакомец. – Но почему тебя не трогают животные?
– Я жил среди них 13 лет, – ответил Аврам. – И понял, что они часть великого Добра.
– Д-д-добра?! – усмехнулся человек.
– Да, они часть великой Природы.
– Они дикие твари, а природа твоя – разъяренный бог Энлиль, будь он проклят.

Шпион стоял, боясь шелохнуться.
Но, услышав слова лесного разбойника, выпучил глаза и хлебнул воздуха, чтобы не крикнуть.

– У тебя есть что-нибудь поесть? – спросил разбойник.

Аврам порылся в кармане и вытащил кусок лепешки.
– Вот, – сказал. – Только лепешка. Я взял ее, чтобы покормить птиц. Бери!
Незнакомец выхватил лепешку из рук Аврама и начал жадно есть. Через мгновение он уже слизывал крошки с ладони.
– Почему ты здесь? – спросил Аврам.
– Потому что нет справедливости, – проговорил человек, доедая. – Ни на земле, ни на небе. Нигде.
– Ты не веришь в справедливость богов? – спросил Аврам.
– Их нет, – ответил человек. И наигранно испугался. – Что?! Что-то случилось?! Меня поразила молния?! Или земля разверзлась и поглотила безбожника мапа.
Он усмехнулся и, покачивая головой, уставился на Аврама:
– Есть только зло. И ничего больше. Зло небес и зло проклятого Нимрода…
Шпион снова вздрогнул. Такого не смел сказать ни один смертный.
– Чего молчишь? – снова усмехнулся Хадад, лесной разбойник. – Я давно уже перестал бояться. Давно хочу, чтобы Сиюта изрубил меня на части. Но так просто я ему не сдамся. Если это произойдет, то в бою.
– Что же так ожесточило тебя? – тихо спросил Аврам.
– У тебя когда-нибудь отбирали детей?!
– Я совсем немного живу на свете.
– Ты знаешь, что такое смерть самого дорого человека?! Дороже которого нет никого в жизни?! Знаешь?!
– Нет. Но я видел, как убивали невинных животных.
– Живо-о-отных?.. А-а…
– И я знаю, что такое боль. Когда никто не верит тебе…

Разбойник Хадад смотрел на Аврама и взгляд его туманился. Приходили воспоминания, от которых сводило сердце. И тогда Хадад начал говорить от сердца.
– Что ты знаешь о страданиях?! – простонал он. – Что?! В месяц черной лихорадки умерли дети мои, а жена моя сошла с ума. Она все ходила, ходила по дому, по улицам, звала их, звала… Иногда хватала чужих детей и начинала целовать их, думая, что это наши дети… Мне сказали, так нельзя вести себя в нашем городе. Но как я мог ей это объяснить?!.. И вот меня, бравого воина Вавилона, преданного великому царю Нимроду, потерявшего детей, лишают последнего – любимой жены. Я падаю в ноги царю, чтобы он пощадил её, оставил её, больную, поседевшую от горя, уже не живущую в этом мире, оставил бы мне… Я прошу его, я умоляю: не трогайте ее, мы будем тихо, вдвоем доживать наш век, никого не

беспокоя. Я закрою ее дома и сам буду заботиться о ней. Но, сказали они, в нашем городе живут только здоровые люди... Я видел, как Нимрод приподнял бровь. Он только приподнял бровь. Но я-то знал, что это такое. Ее столкнули в колодец. На моих глазах... старый, высохший колодец... К вечеру я спустился вниз. Там, среди камней, я нашел ее. Она лежала, будто спала. Только глаза ее, большие, красивые глаза, были открыты. Она отмучилась. Моя любимая жена.
Хадад замолчал.
И ночной лес был на удивление тих.

– А ты говоришь, боги, – сказал Хадад. – Ты говоришь, что есть природа, что она – Добро. Я не видел добра ни от кого. И давно понял, что есть только зло. Но зачем его так много?!
Аврам хотел было возразить. Но промолчал.
– Ну, что?.. – устало вздохнул Хадад. – Ты все-таки хочешь убедить меня, что есть добро?
– Да, – тихо ответил Аврам. – Я хотел бы убедить тебя в этом. Но не знаю, как это сделать.
– Такого, как я, убедить невозможно.
– Добро вокруг нас.
– Вранье!.. – резко прервал его Хадад. – Все вокруг – зло! Зло, зло и зло! Да, оно рядится в добро иногда. Приносит поесть, вот как ты. Дает забыться во сне. Но все это только для того, чтобы потом ударить еще больнее!
– Я думаю... – начал было Аврам и смолк, столкнувшись с пронизывающим взглядом Хадада.
– Я встречусь в царстве мертвых с моей женой? Или нет?! – спросил разбойник.
– Не знаю, – ответил Аврам. – Я не знаю, что такое царство мертвых.
– Ну, тогда мне нечего слушать твои умные речи, – заключил Хадад. – Я разбойник. Уже пять лет живу в этом лесу. Я оставляю тебя в живых, потому что ты дал мне хлеба... И потому, что ты не похож на других.
Хадад сделал шаг назад и растворился в темноте.
– Но в другой раз лучше тебе со мной не встречаться, – услышал Аврам последние слова человека из леса.
И наступила тишина.

Шпион Медан в изнеможении закрыл глаза и сполз на траву.
За всю жизнь он не пережил столько, сколько за эту ночь.

Аврам повернулся и пошел обратно.

Дорога назад показалась быстрой, без задержек.
Охранники по-прежнему спали.
Ворота по-прежнему были приоткрыты.
Шпион подумал, что надо бы сообщить об этом жрецу.
И еще раз удивился: «Что-то здесь не так? Почему они спят, как заколдованные?!»

Вот уже подошли к дому.
На пороге Амталей ждала Аврама.
Завидев его еще издали, она бросилась к нему вся в слезах.
– Где ты был?! Где?! Как ты можешь уходить, не сказав мне?!
– Мама, я думал, что вы спите…
Он обнимал ее. Заглядывал в глаза.
Она вдруг обесиленно опустилась на ступеньки дома.
– Я так боялась, что снова потеряла тебя! – прошептала.
– Я же здесь, мама, со мной ничего не произошло. Видишь?!
Он сел рядом.
Он гладил ее, как большой, успокаивал.
– И ничего не произойдет! Я теперь всегда буду с тобой!
– Я бы так хотела этого! – выдохнула Амталей.
И с такой тоской посмотрела на него!
– Знаешь, – она дотронулась до его руки. – Сынок, извини меня, но я должна сказать тебе… – помедлила, вздохнула. – Тебя ведь никто не поймет. Ни люди, ни отец. Никто. И я не понимаю тебя. Но мне все равно, потому что ты мой сын, и я люблю тебя.
Взгляд Аврама вдруг затуманился, ушел куда-то в темноту улицы.
Амталей, сама не ведая того, вызвала в нем боль и растерянность…
– Что ты молчишь? – спросила.
– Я думаю, как мне жить, – ответил он.
– Как все, – сказала она.
– Так я не могу.
– Они могут признать тебя сумасшедшим, сынок. – Амталей задрожала от самой догадки. – Я не переживу, если потеряю тебя.
Он молчал…
Она вся тряслась от страха.
– Не волнуйся, мама, никто не узнает моих мыслей, – успокоил он ее.
И сразу же упала с ее сердца огромная тяжесть.
Они обнялись.
Оба встали и вошли в дом.

Только после этого шпион, не чувствующий ног от усталости, повернулся и растворился в темном переулке.

Он должен был сейчас же доложить обо всем жрецу. И это его страшило больше всего.

Через несколько минут Медан предстал перед Бишем.

Было уже около трех ночи.

Но, оказалось, что жрец не спит.

Возникло ощущение, что он ждал шпиона.

– Ты упустил его? – сразу в упор спросил он.

– Нет, великий жрец! – испуганно пролепетал тот. – Я был с ним везде. Я не отпускал его ни на шаг!

– Ночью его не было дома, – произнес жрец.

– Да, но я знаю, где он был.

– Где!? – Биш пронзил его взглядом.

И Медан рассказал всю историю. Не утаив ничего.

Жрец выслушал его, не перебивая.

– Хадада надо изловить и повесить на главной площади, – произнес он, когда шпион закончил. – А Аврама…

– Он гладил зверей, и они не трогали его, – стараясь угодить жрецу сказал шпион. – Он очень, очень странный. И я думаю, что он… – тут Медан понизил голос. – Он очень мудрый…

– Да? – жрец приподнял бровь.

– Это сказал разбойник Хадад, – торопливо произнес шпион.

– Так, говоришь, разбойник Хадад слушал его?

– И еще как?!

– Тринадцатилетнего мальчишку?!

– И еще как! И еще как!

Жрец встал, подошел к окну.

– Ты заслуживаешь награды, – произнес он.

– О, великий Биш! – воскликнул шпион.

Жрец повернулся к нему.

И шпион содрогнулся от его взгляда.

– Но если ты кому-то расскажешь о сегодняшней ночи…

– Нет-нет-нет! – Медан замахал руками.

– Иди! – приказал Биш.

Шпион Медан стремительно выскочил за дверь.

Биш повернулся к правому углу комнаты, где между зажженными светильниками сгрудились статуэтки божков.

На лицах божков играли тени…

«А вдруг он прав?» Но этот вопрос Биш не произнес вслух.
Однако мысль уже проникла в его сердце.
Он не знал, что этого достаточно для того, чтобы она начала прорастать в нем.
Этого не знал и шпион Медан.

И снова глиняные боги

Каждый день на полках появлялись новые божки.
Легко лепились боги неба, земли, смерти, жизни…
Аврам точно и быстро делал их копии.
Не придумывал сам.
Лепил вслед за Терахом.
Во второй день уже было 15 божков. В третий – 17.
В течение недели он заставил ими все полки.
Терах продавал. Аврам лепил и изредка помогал отцу в лавке.
Улыбался, был покладист.
Но радовался только Терах.
Для Сапира это было подозрительным.
Для Амталей тревожным.
Скоро Терах вернулся на строительство башни.
Он покидал дом со спокойным сердцем.
Было на кого оставить дело.

Аврам и Сапир открыли лавку в положенное время.
Она выходила на самую людную улицу города.
Только начинался день.
И людей было совсем немного.
Сапир стоял у двери и кланялся проходящим.
Аврам расставил фигурки богов по размеру и силе.
Пошли покупатели. Здоровались, спрашивали, где Терах, но многие знали уже, что Аврам может вполне заменить его.

Вот пришел юноша. Он скопил немного монет и готовился стать одним из воинов отборной части войска Нимрода. Запросил бога войны – Кирава. Да самого большого.
Аврам принес ему самую большую статуэтку. Юноша взвесил ее на руке и попросил потяжелее.

– Что это изменит? – спросил Аврам.
– Я верю в тяжелого бога войны, – ответил юноша. – Еще лучше, если бы я не мог его поднять.
– Найди камень, который ты не можешь поднять, представь, что это бог войны и молись на него, – сказал Аврам.
Юноша задумался:
– Но это же не бог?
– А чем он отличается от этого? – спросил Аврам.
И почувствовал, что кто-то ущипнул его за руку.
За его спиной стоял Сапир.
– Не понял, – сказал юноша.
– Хорошо, я сделаю тебе неподъемного бога, – улыбнулся ему Аврам. – Приходи через неделю.
– Ну, так, чтобы никто не мог его поднять! – сказал юноша. – Я отвезу его домой на тележке. А о деньгах не беспокойся, я копил их специально для этого.
Сказал и вышел.

И сразу порог переступила женщина, которую Аврам тут же узнал. Она, наполненная страхами, неделю назад купила бога воды.
Вошла осторожно, словно стесняясь.
Несла сморщенного бога воды, бережно прижимая к себе.

Увидела Аврама.
И, извиняясь, сказала тихо:
– Я молюсь с утра до вечера, а мне все хуже и хуже. Может быть, мне поможет другой бог? Только у меня нет больше денег. Можно мне обменять этого? Я готова взять совсем маленького, но только чтобы помог...
Она протянула Авраму статуэтку.
Он передал ее Сапиру.
– Выбирай, какого хочешь, – сказал обреченно. – Любого. Самого большого или самого маленького. Того, кто тебе приглянется.
Она посмотрела на полки. Пошла вдоль них.
Вдруг оглянулась на Аврама.
– Если бы ты знал, Аврам, как я устала страдать...
Тот молчал.
Она смотрела на него умоляюще.
Но что он мог ей сказать? Что сам не знает, как успокоить ее?
– Если разрешите, я мог бы посоветовать, – неожиданно раздался голос Сапира.
Он словно почувствовал Аврама.

Подхватил с полки самого маленького бога мудрости.
Старичка, похожего на грибок, с палочкой и добрыми глазами.
– Мне было очень плохо, – сказал Сапир. – Когда умер мой отец, я очень грустил. Поставил этого старичка напротив и вдруг подумал, ведь не вернуть прошлого. Что же я так мучаюсь?!
– И я так думаю, но мне не помогает, – печально ответила женщина.
– А я все думал и думал... А потом взял и впервые за много лет с женой и детьми пошел ловить рыбу. Мы провели вместе целый день, жена моя поймала огромного карпа. Дети прыгали от радости. День был прекрасный... Нет, я не забыл, что умер мой отец. Просто вдруг начал играть в такую игру: как только ко мне приходили горькие мысли, тут же вспоминал этот день и карпа, и радость детей. Самое главное я понял: надо победить мысли...
– Это так, – сказала покупательница.
– Твой муж погиб?
– Да.
– Прошло уже больше года. Ты красивая женщина, неужели никто не сватался к тебе?
– Но разве можно?..
– Нужно! – Сапир не дал ей договорить. – Еще как нужно! Я уверен, у тебя нет отбоя от женихов, у такой красавицы.
– Есть хороший, добрый человек, – начала было она, но осеклась. – Предсказатель запретил мне и думать об этом, он сказал, что бог смерти...
– Не слушай никаких предсказаний! – вмешался Аврам. – Делай, как советует тебе Сапир.
– Но предсказатель сказал мне...
– Я делаю богов и знаю о них все, – голос Аврама был таким уверенным, что она сразу же прислушалась. – Думаю, то, что посоветовал мудрый Сапир, поможет тебе избавиться от печали. Выходи замуж и рожай детей.
– Ведь ты еще очень молода и сможешь вложить в них всю свою любовь! – не удержался Сапир.
Она смотрела на них с испугом и удивлением, которые вдруг прямо на глазах сменились радостью.
– Боюсь сказать, но мне кажется... Я вам так благодарна!.. Но как быть с советами предсказателя?!
– Поверить нам. А не ему. Ты ведь чувствуешь уже, что болезнь уходит?! – сказал Аврам.
Она вдруг повернулась и побежала к двери.
– Постой! -Аврам остановил ее и вернул деньги.

Она взяла монеты и, не удержавшись, поцеловала Аврама. И тут же выскочила из лавки.
– А бога?! – воскликнул Сапир. – Вот этого, бога мудрости.
Но она уже не слышала его. Бежала по улице вверх.
Аврам посмотрел на растерянного Сапира.
И вдруг рассмеялся.
– Я все думаю, – сказал Аврам, – как объяснить людям, как найти подходящие слова... А тут приходишь ты и так просто все раскладываешь по полочкам.
– Я что? Я – от земли. А ты – от неба, – смутился верный Сапир. – Что я? Я – так. По – человечески. А ты – по-божески...
– Молодец, Сапир. Мне еще стольку у тебя учиться надо! – сказал Аврам и обнял его.

Башня превыше всего

Поздно ночью приехал отец.
Весь в дорожной грязи, он падал с ног.
Амталей усадила его, принесла воды.
Заглянула в глаза, которые он с трудом разлепил.
– Идет буря, – сказал Терах. – Боги опережают нас.
И только он это сказал, как вспыхнула улица за окном.
Гром, казалось, ударил в сердце, и оно забилось чаще и чаще.
– Но башня! Башня! Она ведь выдержит?!– встревоженно спросила Амталей.
– Её еще строить и строить, – ответил Терах.

Аврам, выйдя из комнаты, молча стоял напротив.
Рядом с ним крутился младший брат Аран. Он быстро рос и хотел во всем быть похожим на Аврама. Явно завидуя ему в душе.
– Я продал всех божков, – Аврам попытался подбодрить отца, чтобы он порадовался.
– Молодец, – прошептал Терах и не успел улыбнуться.
Глаза его закрылись.
Амталей и Аврам успели подхватить его.
Аран трясся от страха, не подходил.
И вдруг снова, уже совсем близко, прогрохотало – бум-бум-бум. И по крыше кто-то побежал, выстукивая марш...

Нет-нет, не по крыше бежали, это стучали в дверь: Бум-бум-бум!
Амталей пошла открывать.
В капюшоне, глаз не видно, промокший до нитки, стоял на пороге шпион Медан.
– Великий Нимрод едет на стройку. Терах должен быть там.
– Это невозможно, – сказала Амталей.
– Нимрод уже в дороге. Пусть Терах поторопится.

Медан сказал и растворился в ночной буре.
Амталей повернулась к мужу.
Но тот уже стоял, затягивая туже пояс.
– Я поеду с тобой! – попросил Аврам.
– Никогда! – строго сказала Амталей и закрыла ему дорогу.
Терах вышел в дождь.
Там, у дверей, его ждал Сапир. Стояла повозка, запряжённая парой лошадей, слепых от ветра, мокрых от ливня.
– Я возьму его, – послышался голос Тераха. – Он должен это почувствовать.
Амталей успела всучить Авраму тёплую накидку.
Он выскочил за отцом.
Аран прижался к матери, ничто, никакая зависть не могли справиться со страхом. Скакать в кромешной тьме?! В бурю?!.. Нет-нет!

Лошади неслись в ночь.
Ни дороги, ни огней, ливень стеной.
Если бы не Сапир, пропали бы в этой буре.
Но они прибыли вовремя, раньше Нимрода и его свиты.
Приготовили встречу во дворце Тераха – так называли строение из бракованного кирпича. Набились в него все начальники, малые и большие.
Все дрожали.
Всегда дрожали, ожидая Нимрода. А тут почему-то особенно пробивало всех.
Никогда не знали, чем закончится встреча с великим царём.
Сегодня, чувствовали, закончится плохо.

И вот распахнулась дверь…
В проёме, в свете молнии, стоял Нимрод.
Но не входил, оглядывал всех так, что холодела кровь.
– Начальники собрались? – спросил. И скомандовал: – А ну-ка, наружу!
Вышли, выстроились в струнку, заливаемые дождём.

Нимрод стоял спиной к ним.
Он не сгибался под ветром.
Буря была для него вызовом.
Битва была его стихией.
Ах, как он любил стоять вот так, расставив ноги, заливаемый дождем, и смеяться в черное небо, принимая вызов.
Что может быть острее по ощущениям?!

Перед ним, как привидение, темнела в ночи башня.
– Почему не работают? – спросил он тихо, но ужас закрался во всех.
– Терах? – Он скосил глаз в сторону Тераха. – Почему люди не работают? А-а?!
– В такую бурю невозможно работать, – ответил Терах и приблизился к царю. – Два человека упали с лесов и разбились насмерть.
– Ты размяк, Терах, – произнес Нимрод.
Рядом, как нож, блеснул взгляд Биша.
«Он размяк, – говорил этот взгляд. – Давно уже пора проверить, каким богам он служит».
– Только мертвые не строят башню, – сказал Нимрод. – Выдать всем еще еды и гнать! Гнать!!! Ты понял меня, Терах?
– Да, – произнес тот.
Аврам, стоящий рядом с отцом, сжал его руку и прошептал:
– Как они будут работать?
Рука Тераха закрыла ему рот.
Слава богам, его никто не услышал.
– Работать! – снова скомандовал Нимрод и теперь уже повернулся к Тераху всем телом. – Приказывай!
– Возобновить работы! – прокричал Терах в темноту.
Шум ветра и дождя забил слова.
Но его услышали.
Попробовали бы не услышать!
Тут же передалось по цепочке.
– Поднять всех! Начинаем работы!

Застучали двери.
Послышались голоса.
Со всех сторон повалил народ.
Стройка оживала быстро.
Люди одевались на ходу.
Кто-то затянул песню.
Ее подхватили все.

И побежали, побежали по мостам, дорожкам, к башне, к печам, к тачкам, молоткам...
Работа заводила.
Азарт разгонял кровь.

А над башней летели черные облака...
Их прибавилось еще.
Небо разговаривало с непокорными людьми громами, сердилось молниями.
Нимрод следил за всем, прищурившись.
Когда молния ударила в сухое дерево и оно запылало, как сноп, Нимрод прокричал:
– Посмотрим, кто кого!

Люди закручивались вокруг башни.
Дождь лупил их по голым торсам, а им, казалось, все нипочем!
Печи дымили в черное небо.
Шелах кружился возле них, устанавливая заслонки от ветра.
Разгорались пасти печей
И ни стона ни от кого, ни слова сомнения.
Словно все только и ждали команду: «Работать!»

– Терах! – Позвал Нимрод.
– Да, великий царь.
– На вершине мы вылепим идола. Как знак победы.
– Да, великий царь.
– Ты вылепишь его с меня.
Терах помедлил, но тут же спохватился:
– Слушаю, великий царь.
– В руки ему ты вложишь лук.
Глаза Нимрода сверкали.
– Мой лук.
– Слушаю, великий царь.
– И чтобы стрела была направлена в небо. Чтобы знало небо, – оно под моим присмотром.
Аврам видел, как отец опустил глаза.
«Значит, отец понимает, – подумалось. – Он понимает, что это бред».

И вдруг раздался вскрик.
Человек летел с верхнего яруса.
Упал на камни и замер.

Нимрод повернулся и пошел прочь.
— Его семью обеспечить на год, — по дороге бросил он Тераху. — Работу не останавливать ни в коем случае.
И снова послышался вскрик.
И еще один упал на камни.
Нимрод даже не повернулся.
Да и у народа не было времени на сожаления.
Бежали и бежали вверх со ртами, распахнутыми в крике «Дава-а-а-ай!».

Дождь усиливался.
Когда через несколько минут Терах вошел в сарай, там уже никого не было, кроме Аврама и Сапира, который тихо стоял в стороне, незаметный. Восторг был на лице Тераха.
— Что ты здесь делаешь, сын мой?! — воскликнул он. — Я хочу, чтобы ты почувствовал это на себе! Великую стройку великого народа!.. Хочешь постоять у печи с Шелахом?!
Аврам не ответил.
— Или пробежишься с тележкой?! Мамы здесь нет, ты можешь делать, что хочешь. Ну, покажи, что ты мужчина!
— Я не хочу, — сказал Аврам.
— Не хочешь?!
— Не хочу!
— Почему?! — Терах мгновенно изменился в лице. Сразу стал строг и выпрямился. Махнул рукой в сторону двери. — Там дети твоего возраста работают наравне со взрослыми. В бурю, под дождем, без страха... А мой сын? Мой сын — трус?
— Я не боюсь, — сказал Аврам.
— Тогда что останавливает тебя?
Аврам поднялся.
— Я не трушу, — сказал. — Но я знаю...
— Что ты знаешь?!
— Это нехорошая стройка.
— Что-о-о?!
Терах обернулся к Сапиру
— Выйди!
Сапир торопливо выскочил за дверь.
— Что ты сказал? — Терах приблизился к Авраму.
— Мы гордимся своей силой, — произнес Аврам.
— Что тут плохого.
— Мы хотим власти над небом!
— А ты хочешь, чтобы мы захлебнулись в потопе?!

– Башня не выдержит, – сказал Аврам.
– Откуда ты знаешь?
– Я знаю.
Терах всмотрелся в него.
Молчал долго.
– Глупости, – сказал тихо. – Глупости... Ты едешь сейчас домой. По дороге ни с кем не говоришь. И вообще я приказываю тебе молчать. Сапир! – позвал он.
Сапир тут же вошел, словно подслушивал под дверью.
– Везешь его домой, – приказал Терах. – Выезжайте немедленно.
Повернулся и вышел из сарая.
Сапир прятал глаза.
Виновато смотрел на Аврама и топтался на месте.
– Я... случайно... я подслушал, – сказал он.
И громко вздохнул.
– Ну почему? – Произнес страдальчески. – Почему ты все время сопротивляешься?! Э-эх, несчастный ты несчастный, как же жить-то дальше будешь?! Ведь против всех идешь.
Уже через несколько минут летели в ночь.
На козлах, заливаемый дождем, сидел верный Сапир, а в повозке, молча глядя в спину Сапиру и ничего не видя, сжался, закрылся в своих мыслях Аврам.

Так пошли, покатились дни и месяцы.
Буря не прекращалась.
Дождь заливал поля, сносил дома, подтачивал башню.
И не мог подточить.
Тут же замазывали все дыры, укладывали камни, все были готовы сражаться до конца, до победы.

Божки в лавке Тераха раскупались стремительно.
Их еле успевали лепить.
Вся страна, с одной стороны, молилась о помощи, с другой – верила только в одного бога – в Нимрода.
Строительство не прекращалось ни на минуту.
В народе жила вера, – и еще какая! – в то, что «Мы победим!».
Но была и еще одна причина – везде сновали шпионы Биша.
Началось с того, что Нимрод бросил жрецу, уходя со стройки:
– Надо помочь сердобольному Тераху.
Сразу и появились шпионы.
Сначала они вызвали негодование начальника стройки.

Но потом он понял, что лучше помалкивать.
Он отвечает за стройку, а они – за людей. За всех, кто работает, и, разумеется, за тех, кто руководит. «Например, за тебя. Ясно, Терах?»
И стало понятно Тераху, что это приказ Нимрода.
Не верить. Проверять. Записывать. Докладывать. Карать. Любого, кто пытается избежать главной стройки страны.

Вредители

Это произошло утром.
Буря стихла. Моросил дождь.
Терах утром обычно задерживался. Вместе с Аврамом они вылепливали богов.
И только после этого уезжал на стройку.
Бог солнца раскупался хорошо, как никогда.
Люди брали по два, по три божка. Не скупились.
Ставили их в каждый угол, в каждую комнату, на крышу, во двор.
Все, казалось, обезумели.
Крутился гончарный круг, на нем под руками Аврама рождался бог солнца, круглолицый, сияющий, положительный.
Отец уже не поспевал за сыном.
Искоса поглядывал на его бога, сравнивал, ревновал. Но и радовался.

И вдруг случилось...
Первым поднял голову Аврам.
Еще оттуда, из жизни в пещере, у него был поразительный слух.
Приближался шум.
Он зарождался у городских ворот.
К площади шла толпа.
Люди кричали, но пока нельзя было разобрать, что они хотят.
Тут и Терах услышал, тоже поднял голову.
Аврам соскочил со своего места, распахнул дверь.
В конце улицы черная масса колыхалась вокруг чего-то в центре ее.
И вдруг донеслось:
– Смерть им!..
Чья-то рука взметнулась и опустилась.
– Сме-е-е-рть! – простонала толпа.

И Аврам похолодел.
Потому что увидел.
Толпа в полторы-две сотни человек вела трех несчастных.
На груди каждого висели деревянные дощечки. У одного начертано: «Я – предатель народа!», у другого: «Я буду вредить всегда!», а у третьего: «Я не хочу работать!».
По ходу движения к толпе прибавлялись и прибавлялись люди.
И вот уже триста-четыреста человек скандировали в один голос: «Смерть им! Смерть!..»
Аврам услышал чей-то вздох.
Обернулся.
Отец стоял за ним, у него от боли свело лицо.
Несчастные приближались.
– Отец! – прошептал Аврам.
– Их ведут на площадь, – обреченно сказал Терах.
– Это невозможно, – простонал Аврам. – Сделай что-то! Ты же все можешь!
Взглядом Аврам искал глаза Тераха.
Терах отвернулся, подошел к своему стулу, сел спиной к Авраму и сделал вид, что работает.
Толпа приближалась.
– Они хотели разрушить башню! – послышался чей-то крик.
– Смерть им! – отозвалась толпа.
– Они предатели, – пробормотал Терах, не поднимая головы.
– Нет, ты так не думаешь! – воскликнул Аврам.
– Такова воля народа, – ответил Терах.
Он склонился над столом.
Аврам не видел его глаз.
Толпа уже проходила мимо открытой двери.

Внутрь заглянул один из шпионов Биша.
Его нос будто обнюхивал лавку, бегающие глаза оглядывали углы, а уши всегда были готовы услышать проклятье в адрес царя, чтобы доложить, а руки – вцепиться в жертву.
Он увидел спину Тераха, лицо Аврама... Все понял, оскалился... И ребром ладони ударил одного из несчастных.
Аврам увидел лицо этого человека.
Это был пожилой человек, лет сорока. Авраму он казался стариком.
Вторым был мускулистый мужчина лет двадцати восьми.
Но сейчас он выглядел как тряпка.

Они не понимали, что с ними делают, эти жертвы грандиозного плана Нимрода.
Их лица были в синяках, глаза испуганы.
Они умоляли о пощаде.
Но никто не слышал их.

И вдруг Аврам увидел Шелаха.
Он был третьим из несчастных.
Самым молодым.
Руки его были закручены за спину.
Он вытянул шею, заглянул в открытую дверь дома Тераха и вдруг истошно закричал:
– Тера-а-а-х! Я не винова-а-а-ат!
Терах вздрогнул, услышав его голос.
Замер, но не встал.
– За что-о-о-о меня-а-а-а?! – донесся с улицы стон Шелаха.
– Заткнись! – шпион ударил его кулаком наотмашь и ухмыльнулся.
Толпа тащила их мимо лавки.
– Отец, – прошептал Аврам. – Он же был тебе, как сын?!
Терах не ответил.
Аврам почувствовал, как ноги теряют опору, ухватился за край стола.
– Они не виноваты, но так надо, – услышал он голос Тераха.
– Кому? – дрожащим голосом спросил Аврам.
– Стране. Если мы не построим башню, нас не будет.
– Их казнят?
– На площади их ждет суд. И великий Нимрод, – ответил Терах.
Аврам еще мгновение смотрел на согнутую спину отца.
– Я ничего не смогу сделать, – произнес Терах. – Их казнят.
Аврам повернулся и выскочил из лавки.
Толпа поворачивала за угол.
Он бросился нагонять их.

Судилище

На площади все уже было готово.
В центре построен загон, обнесенный толстой веревкой.
Вокруг гудела толпа.
Над всем возвышался царский трон.

Когда в загон затолкали несчастных, толпа взвилась.
В подсудимых полетели гнилые овощи, которые подтащили сюда услужливые торговцы.
Двое несчастных прикрывались руками, и из их искривленных ртов вырывался стон.
Шелах же молчал.
Он потух, понимая, что все предрешено.
Он ведь умным был, этот Шелах, – архитектор башни.

На трон поднялся Нимрод.
Палач Сиюта примостился в тени под троном.
Биш стоял в стороне, зыркал глазами по сторонам.
Все смолкли.
Нимрод посмотрел на несчастных.
– Суд будет справедливым, – сказал. – Он и не может быть другим.
Двое подсудимых в надежде подняли на него глаза.
Кроме Шелаха.
– В чем их обвиняют? – спросил Нимрод.
– Они замышляли заговор, великий царь, – произнес судья Вавила, – против народа. Против башни. Против тебя.
– Мда-а-а, – Нимрод иронично посмотрел на несчастных. – Тогда начинай суд, Вавила. Только не тяни, я чувствую себя уставшим.
– Суд будет быстрым, великий царь, виновность их доказана, осталось только вынести приговор. Но мы обязаны соблюсти весь порядок. Итак, вы обвиняетесь в государственной измене, в попытке нанести непоправимый вред стране...
– Кто-то, может быть, не согласен с обвинением? – Нимрод прервал судью. – В чем обвиняют, мне понятно, мне уже все рассказал Биш, но суд у нас справедливый. Кто не согласен?!
Нимрод наигранно поднял брови.
– Мы согласны! – раздался крик.
– Казнить! – подхватила толпа.
Подсудимые сгорбились от ужаса и бессилия...
Только на лице Шелаха блуждала улыбка.
– Он, вот этот, смотрите! – закричал кто-то стоящий близко. – Он улыбается!.. Он над нами смеется, этот Шелах!..
– Что-о-о-о?! – загудело вокруг, как рой ос налетел. – Вот его первого в его же печку!
Шелах снова усмехнулся, не поднимая глаз.
– Сжечь его! – бесновалась толпа. – Сейчас!

– Он все продумал заранее, этот вредитель Шелах! – послышался чей-то визгливый голос. – Надо пытать его! Пусть скажет, кто его надоумил?!
– Пыта-а-ать! – подхватил народ.
– А где Терах? – вдруг прервал всех Нимрод. – Где мой первый министр Терах? Он здесь?..
Все смолкли и начали оглядываться.
– Как, разве его нет здесь?! Странно…

Биш пронизывал толпу взглядом.
Взгляд раздвигал людей, проскакивал меж ними, ощупывал все повороты и закоулки.
И натолкнулся на Аврама, стоящего в стороне.
Рядом с ним не было Тераха.
– Терах?! – снова позвал Нимрод.
И вдруг послышалось:
– Я здесь, великий царь.
Терах стоял на крыше дома, примыкающего к площади. Он был там один. Сразу стало понятно, он не хотел, чтобы его обнаружили.
– Что скажешь, Терах? – спросил Нимрод. – Такие страсти кипят вокруг твоего любимца Шелаха. Биш меня предупреждал, что не все тут чисто. Но ты руководишь стройкой. Я верил тебе, Терах. Не Бишу.
Теперь все смотрели на Тераха.
И Шелах тоже.
Вот теперь-то лицо Шелаха ожило.
Конечно, Терах поможет ему, конечно!
Ведь Терах был ему как отец родной. На лице Шелаха была надежда, была.
Терах не отвечал.
– Что ты молчишь, Терах?! – спросил Нимрод.
– Он очень талантливый, – сказал Терах.
– Этого никто не отрицает, – ответил Нимрод. – Говорят, что также талантливо он задумал уничтожить башню. А значит и нас. Что ты думаешь?
Терах молчал.
– И вообще все подсудимые – твои люди, – усмехнулся Нимрод. – Ты был их начальником.
– Большая стройка, – произнес Терах. – Много людей.
– Народ требует их смерти, – сказал Нимрод. – Все требуют.
Он сделал паузу.
– А ты, мой Терах? Требуешь?!
Терах молчал.
– Не требуешь, нет?

Терах не отвечал.
– Ты считаешь, что народ ошибается?! Может быть, ты хочешь сказать что-то в их защиту? Скажи!
Терах молчал.
– Ну что ж, – Нимрод выпрямился на троне.
И тут же палач Сиюта вышел из тени.
– Повелеваю… – произнес Нимрод.

И вдруг…
– Великий царь! – послышался юношеский голос.
Нимрод повел бровью.
В центре площади, рядом с заключенными, поднялась рука.
– Кто это? – спросил Нимрод.
– Аврам, сын Тераха, – услышал он голос Биша.
– Ах, Авра-а-ам, – произнес Нимрод. -Твой сын, Терах, хочет что-то сказать нам. Что?!..
– Он ничего не хочет сказать! – воскликнул Терах и по лестнице стремительно сбежал с крыши вниз, начал быстро пробираться через толпу к сыну.
Перед ним расступались люди.
Он подбежал к Авраму и прошептал:
– Молчи и возвращайся домой!
И тут же поднял голову и громко сказал:
– Он погорячился, великий царь. Он молод и горяч.
– Я не погорячился, – возразил Аврам. – Эти люди не виноваты.
– У-у-у-у!.. – выдохнула толпа, ведь все это услышали.
– Где свидетели? – спросил Аврам. – Как можно судить без свидетелей?
– Ты хочешь услышать свидетелей? – спросил Нимрод. – Ты не веришь этим людям? – Он кивнул на судью и его помощников.
– Великий царь, – начал было в волнении Терах.
– Молчи! – прервал его Нимрод. – Я хочу, чтобы он показал себя, твой сын, я о нем много слышал, пусть защитит их.
– Где свидетели? – спросил Аврам. – Можно попросить их выйти?
Судья Вавила посмотрел на Нимрода.
– Конечно, пусть выйдут, – сказал Нимрод. – Иначе, в чем же справедливость суда?! Пусть выйдут и честно скажут.
– Ну? Где вы? – громогласно воззвал судья Вавила.
Никто не вышел.
Толпа, притихнув, ждала.
Ждала несколько минут.
Никого.

И тут послышался голос главного жреца Биша.
— Выйди, Матла!
Протиснулся вперед худой человек с маленькими глазками. Сразу было видно, что одна нога его гораздо короче другой.
— Вот он, свидетель, — сказал Биш. — Он честно доложил о вредителях.
Двое обвиняемых, пожилой и молодой, удивленно смотрели на хромого Матлу. А тот отводил взгляд.
— Ты работал с ними? — спросил Аврам. И все удивились уверенности его и спокойствию. Не по годам.
— Да, — ответил свидетель. — Я с ними готовлю раствор, который скрепляет камни.
— Что ты видел? — спросил Аврам.
От него исходило столько силы! Толпа замерла.
Матла прятал глаза. Но что делать? Надо отвечать.
— Матла, — тихо произнес пожилой обвиняемый. — Как же так?
— Молчать! — крикнул Биш. — Говори, Матла, то, что сказал мне.
— Они говорили, что специально готовят слабый раствор, — Матла сглотнул слюну, — чтобы башня рассыпалась.
Зашумела толпа...
— И придавила бы всех, — закончил он и опустил голову.
— Смерть им! — завыла толпа и даже руки потянулись к обреченным на гибель.
Но шпионы Биша охраняли обвиняемых.
Не подпускали.
— Вы говорили это? — спросил Аврам.
— Великий Нимрод! — воскликнул пожилой. — Да отсохнет наш язык!
— Мы работаем по шестнадцать часов, мы верим в великую башню! — подхватил молодой. — Матла, как ты можешь?!
— Вы знаете его? — спросил Аврам.
— Конечно, Матла пришел к нам год назад, — сказал пожилой. — Он калека. Его никто не брал к себе на работы.
— А вы взяли, — закончил Аврам.
— Мы научили его работать! Мы делились с ним едой, которую готовили нам наши жены.
— Матла! — крикнул молодой. — Как ты мог?! Как мог?!
Матла сжался, он смотрел в землю.
— Говори! — прокричал Биш. — Что ты молчишь, хромой!
И Матла вздрогнул.
— Ну! — Биш пронзил его своим взглядом.
— Они говорили, говорили, говорили! — затараторил свидетель. — Это они! — он указал на них пальцем, не поворачивая головы. — Они вредители!

И этот еще, Шелах, я слышал, как он шушукался с ними, я слышал, он говорил, что две ниши в башне, слева и справа, сделают свое дело. Слышал! Слышал!..
И вдруг заплакал.
– Я болен. У меня болит нога. Отпустите меня. Я должен лечь.
– Скажи мне, Матла, – спросил Аврам, – были еще свидетели, которые слышали то же, что и ты?
– Я должен лечь, я должен вытянуть ногу, – простонал Матла.

– Сколько человек работает с вами? – спросил Аврам у обвиняемых.
– Десять, – ответил пожилой.
– Кто работает с ними, выйдите вперед, – сказал Аврам громко.
В толпе возникло замешательство.
– Неужели вы хотите, чтобы казнили ваших друзей? Не виновных ни в чем!..
– Это не доказано! – воскликнул судья Вавила. – Не влияй на свидетелей.
– Молчи, Вавила! – приказал Нимрод. – Мне интересно за ним наблюдать. Продолжай, Аврам. Где эти десять?! Ну-ка, вышли десять вперед!..
И тут же зашевелились ряды, и внутрь протиснулось человек пять, еще в рабочей одежде, грязных, измазанных в растворе.
– Вы слышали об этом замысле ваших друзей? – спросил Аврам.
Те молчали.
– Их ведь казнят, – сказал Аврам. – Невиновных.
– Я не слышал, – вдруг сказал красивый мускулистый парень, Шарир. – Почему я должен врать? – Он посмотрел на Биша и повторил. – Я не слышал от них таких слов.
– Они работают хорошо, – сказал другой рабочий, такой же молодой, как первый. Он говорил, не поднимая головы.
Третий только кивнул.
– Вы работаете с ними давно? – спросил Аврам.
– Уже три года вместе. И в дождь, и в жару, – сказал мускулистый.
– А Матла?
– А эту собаку, – мускулистый честно выдержал взгляд Биша, – они приютили сами. Ну, вот и расплачиваются…
Матла еще больше сжался.
Биш прожигал мускулистого Шарира взглядом.
– Почему вы все смотрите на Биша, когда отвечаете? – спросил Аврам.
Наступила гробовая тишина.
Никто, включая Биша, не ожидал этого вопроса.
Застыли. Даже не переглядывались.

— А он, действительно, не прост, – послышался с вершины голос Нимрода.
Биш смотрел на Аврама.
А тот достойно выдерживал его взгляд.
— Продолжай, Аврам! – приказал Нимрод. – Мне интересно!
— Я могу задать вопрос жрецу Бишу? – спросил Аврам.
— Да! – нетерпеливо ответил Нимрод. – Любой вопрос.
— Конечно-конечно! – кивнул сразу же судья Вавила.
— Зачем тебе, жрец Биш, нужна их смерть? – спросил Аврам.
Биш молчал.
Медленно поднял взгляд на Нимрода.
Тот был в азарте.
— Ну, что смотришь, отвечай! – прикрикнул он.
И Биш ответил медленно и с достоинством.
— Мне не нужна их смерть. Но мой долг – наказать вредителей. Они – вредители. Это показали свидетели – честные люди великой страны.
Аврам не дал ему закончить фразу:
— Свидетели, ответьте, это так?! Эти трое несчастных действительно вредители?! И достойны смерти?!
Свидетели не отвечали.
И старались не встречаться взглядом с Аврамом.
— Их ведь казнят, – повторил Аврам. – Сейчас произойдет непоправимое, и казнят невиновных людей, вы это понимаете?!
— Они виноваты! – жестко произнес Биш.
— Я вас очень прошу, не молчите, ведь вы убиваете их?! – Аврам даже не взглянул на Биша.
— Вы поступили так, как должны поступить честные граждане, – снова заговорил Биш.
— У них есть дети, жены, они сейчас смотрят на вас, вы их единственная надежда, – продолжил Аврам, по-прежнему не обращая внимания на Биша.
— Но и у нас есть семьи, – пробормотал Шарир тихо. – Что мы можем сделать?!
Перед Бишем расступились люди, и он сделал несколько шагов к Авраму. Аврам повернулся к нему.
— Они боятся тебя, – сказал Аврам.
— А ты? – быстро спросил Нимрод. Он все слышал со своего места.
— Я не боюсь, – ответил Аврам.
— Почему?
— Потому что я знаю, Кто управляет всем.
Народ затих совсем.
Было слышно дыхание толпы.

Вдруг Нимрод встал и начал медленно спускаться вниз.
Палач Сиюта неотступно следовал за ним.
Нимрод остановился напротив Аврама.
Обвел его взглядом.
– Ты впечатлил меня. Я освобождаю их.
Биш опустил глаза.
Он понял, что проиграл.
Проиграл мальчишке.
Осознание этого жгло его грудь.
– У тебя не простой сын, – Нимрод перевел взгляд на Тераха. – Береги его.
Повернулся и пошел прочь в гробовой тишине...
Не успел он пройти и пяти шагов, как раздался истошный крик:
– Слава великому Нимроду!..
Кричал пожилой заключенный.
За ним завопил молодой.
– Слава богу Нимроду!
– Слава! Слава! – подхватил Шелах.
И тут очнулись все.
Вся площадь скандировала:
– Слава! Слава! Слава!

Вокруг творилось невообразимое.
Шелах и двое заключенных обнимали Аврама.
Шелах повторял все время:
– По всем моим расчетам. По всем расчетом, нас должны были в лучшем случае сжечь.
– Любимый Аврам! – кричал молодой. – От всех моих детей, от моей жены низкий тебе поклон. Она же чуть не умерла от страха, моя женушка!..
Она стояла в стороне и плакала.
Вокруг нее вились малыши.
Она махала Авраму мокрым платком и боялась подойти, – все-таки сын самого Тераха...

И тут кто-то за шкирку приволок Матлу.
Тот сопротивлялся, выл. Он упал на колени перед обвиняемыми и запричитал:
– Я не хотел! Меня заставили! Он смотрел мне в глаза, этот страшный Биш... Он повторял: ты больше не увидишь своей матери. А кто у меня

еще есть?! Кто пожалеет меня?! Кто принесет стакан воды?! И я испугался! Если бы вы знали, как страшно смотреть в глаза Бишу...
– Встань! – Аврам поднял его с колен. – Ты ни в чем не виноват... Ты просто одинок, вот и все. Нельзя человеку быть одному. Хочешь, я буду твоим другом!?
Матла замер и недоверчиво посмотрел на Аврама.
– Да, – повторил Аврам. – Мы будем друзьями, хочешь?!
– Со мной никто не хочет дружить, говорят, от меня идет плохой запах... Аврам обнял его, показывая, что не так это уж важно!
И все видели. И все развели руками и сказали: «Да-а, велик этот Аврам и честен, и чист».
Ах, какой сын у Тераха!
А как счастлив был Матла, этого и передать невозможно!

Победа или поражение?

Аврам с отцом шли по улице, и все взгляды были обращены на них.
Терах не поднимая головы, шел быстро.
Когда вернулись домой, он закрыл за собой дверь и резко повернулся к Авраму.
– Ты заставил великого Нимрода поменять свое решение. Ты знаешь, что теперь будет?!
– Я доказал, что эти несчастные невиновны, – ответил Аврам. – И Нимрод согласился со мной.
– Он не может согласиться.
– Но он согласился!
– Он не может согласиться, потому что он – бог. А бог всегда прав! Ты понимаешь это или нет?! И он действительно прав!
– Но они не виноваты!
– Мы жертвуем ими, чтобы жил Вавилон!
– Тогда это убийство!
– Только страх может подгонять людей! Этих троих должны были казнить! Чтобы другие жили!..
– Отец, что ты говоришь?!
– Нимрод думает обо всей стране. Ты – о себе и своей справедливости, а он, как отец, обо всех нас. Ему не важны две, три, десять, сто жизней. Он думает о великой башне, которая спасет народ от потопа.
– Не спасет!

– Спасет! Дожди не прекращаются. Приближается новый потоп. Да, погибнут сто человек, но у нас будет башня, которая спасет всех.
– Нет! Не спасет! Отец! Она не спасет нас от потопа!
– Почему?!
– Она развалится, эта башня.
– Что?!
– Она строится против закона.
– Какого такого закона?!
– Закон требует от нас любви. Здесь нет любви. Наша гордыня строит башню. Она строится на ненависти и страхе, отец.

Приоткрылась дверь и тихо вошел Сапир.
Лицо его было бледно, как никогда. Он старался не смотреть ни на Тераха, ни на Аврама.
– Что случилось? – спросил Терах.
– Я только что, – Сапир запнулся, – со стройки...
Терах шагнул к нему, немой вопрос стоял в его глазах.
– Шелаха там не было, – ответил Сапир.
– Что случилось?! – воскликнул Аврам.
– Скажи ему! – приказал Терах и отвернулся.
– Двое освобожденных тобою, мой великий господин Аврам...
– Что с ними?!
– Их тела нашли в карьере. Видно, сорвались они... поскользнулись...
Аврам молчал, пораженный.
– Ты знал, что это произойдет? – Аврам посмотрел на отца.
– Догадывался.
– Но почему же ты... не предупредил?
– Потому что ничего уже нельзя было сделать. Я же сказал тебе: бог не может проиграть мальчишке. Да еще при всех.
– Получается, что это я...
– Жаль, что ты не послушал меня.
– Получается, что это я вынес им приговор.
– Ты продлил им жизнь, – сказал Сапир. – Пускай на час, на два, но продлил. А Шелаха среди убитых не было!
– Они его просто не нашли, – произнес Терах. – Но если найдут...
– Где он? – спросил Аврам.
– Не знаю.
– Где он? – Аврам метнулся к Сапиру.
Тот отвел глаза.
– Откуда я знаю. Если Нимрод захочет, то его найдут. Рано или поздно, но Биш найдет его.

– Я не знаю, где он, – Терах приблизился к Сапиру. И произнес, проговаривая каждое слово. – И не хочу знать, кто уведет его подальше в горы. Но я хочу, чтобы он выжил.

Терах сказал это, убедился, что Сапир понял его, и скрылся за дверью.

Сапир повернулся, чтобы побыстрее улизнуть.

Но не успел.

– Я с тобой! – попросил Аврам. – Ты ведь идешь предупредить его?!

– Я иду подышать воздухом. Я человек природы, мне душно в четырех стенах.

– Сапир, ты уведешь его в горы?

Сапир огляделся и произнес:

– Похоже, что да.

– Передай ему… что я так хотел спасти их… И не смог.

– Ты спас их, – сказал Сапир. – Ты встал против Нимрода. Ты знаешь, что это такое?! – Сапир понизил голос до шепота.

Он приблизился к Авраму, нос к носу. – Помнишь, что говорил Старик? Он говорил, что Нимрод – внутри нас. И пока он внутри нас, он непобедим. Я тогда ничего не понял. А сегодня понял. Ты сегодня пошатнул Нимрода внутри меня… И не только внутри меня. Я видел, как горели глаза многих людей.

Сапир выпрямился, покачал головой и заговорщически добавил:

– Это твой великий отец предупредил Шелаха.

– Отец?!

– Да. Он сразу догадался, что их ждет.

– И отец сказал Шелаху?

– Нет. Он сказал мне. А я уже Шелаху…

Сапир огляделся:

– Но я тебе ничего не говорил.

Он резко повернулся, быстро подошел к двери, открыл ее и, помедлив, выскочил на шумную улицу.

Он разрушил наших богов!

Поздним вечером Аврам вышел в город.

Город не спал, праздновал. Таков был приказ Нимрода. Праздновать справедливый суд великого царя.

Никто не знал, что двоих уже нет в живых.

Нимрод жил в них во всех так прочно, что стал смыслом их жизни, корнем существования, богом.
Ничто не могло поколебать веру в него.
Ничто.

Аврам шел по улицам города, смотрел на людей.
И все больше чувствовал, как снова овладевают им тоска и безнадежность. И вдруг, словно в ответ на все эти мысли, раздались крики:
– Вот он, вот!
И радостная толпа подхватила Аврама на руки, легко подняла и начала подбрасывать в воздух. Горящие глаза следили за ним, рты выкрикивали:
– Царь признал его!..
– Пусть Аврам будет судьей!..
– Будь нашим судьей, Аврам!..
Аврам старался ответить им радостью, но горло сдавило. Рвались наружу слезы, он еле их сдерживал.
– Люди! – произнес он. – Отпустите меня… Опустите!..
Его опустили на землю. Он повернулся и побежал от них прочь.
Он бежал, пока не оказался в узком переулке, в одиночестве.
Он не заметил, как тень отделилась от стены и последовала за ним.
Он не слышал, не видел ничего.
В голове бешено стучало сердце.
Так он добрался до дома.
И все время кто-то шел за ним.
Невидимый и осторожный.

Отца не было.
Аврам сразу же прошел в мастерскую.
Остановился посреди зала.
Отовсюду смотрели на него боги.
Большие, маленькие, они были повернуты лицом к нему. Безотказно работала торговая уловка отца – попасть под взгляды богов.
Люди попадали под эти взгляды и уже не выходили с пустыми руками.
Аврам долго так стоял.
Вдруг услышал голос отца.
– Кто здесь?!
И шагнул к стене.
Но отец обращался не к нему.
– Я видел тебя! – послышался голос отца. – Кто ты?!
Послышалось, как открывается дверь.
Отец вышел наружу и Аврам вслед за ним.

Отец стоял и смотрел в темноту:
— Здесь кто-то был. Я видел, кто-то заглядывал в мастерскую. Он смотрел на тебя.
— Я никого не заметил, — сказал Аврам.
— Я говорил, что это плохо кончится, — произнес отец. — Они не оставят тебя в покое. И всех нас.
Он тяжело вздохнул и задумался.
— Завтра меня не будет, — сказал. — Сапира тоже нет. Я прикажу слугам, чтобы они были рядом с тобой. Умоляю, сынок, будь осторожен, не выходи на улицу. Я буду молиться, чтобы боги оградили тебя от дурных глаз.

Утром Аврам открыл двери мастерской.
На улице было мало прохожих.
Все, кто мог, с пяти утра работали на строительстве башни.
Уже несколько дней ходил слух, что вылеплены новые боги. И то, что некоторых из них Аврам лепил после вчерашней победы, придавало значение покупке.
Вскоре стали сходиться люди.
Аврам продавал без энтузиазма.
Они просили:
— Расскажи нам что-нибудь об этом боге.
Он отвечал:
— Для чего он вам?
Они говорили:
— Какой странный вопрос? Так не говорит продавец.
Он отвечал:
— Просто я хочу, чтобы вы задали себе этот вопрос.
Люди уходили, удивленно пожимая плечами.
Аврам был странным сегодня.

Приходил новый покупатель, и Аврам требовал ответа уже от него:
— Для чего вам бог ветра?! Ну, для чего?!
— Глупый вопрос, Аврам, — отвечали ему. — Боги — наша защита.
— Но это я их вылепил! — настаивал Аврам. — Взял и вылепил.
— Не хочешь их продавать? — спрашивали. — Что за странные вопросы ты задаешь?
В конце-концов Аврам перестал задавать вопросы.
Он был тих сегодня и задумчив, как никогда.
Продавал и продавал...

Так бы день и закончился, если бы не новый покупатель.
Это был сам судья Вавила.
Он оглядел Аврама с ног до головы.
– Я хочу купить бога, который дает тебе силу, – сказал он. – Который из них?
Вавила метнул взгляд на полки.
– Этот? – кивнул на самого большого. – Или этот? – указал на грозного. – Кто из них помог тебе на суде? Ты был убедителен, – Вавила покачал головой. – Так какой же из богов?! Заплачу за него любую цену.
Аврам молча снял с полки самого большого идола.
– Я так и знал, что это он, – произнес Вавила. – Меня не проведешь. Я видел, за тобой стоял именно он.
Вавила обнял бога.
– Я сам понесу его домой, – сказал он, отстраняя слугу.
Только шагнул к выходу...
И услышал голос Аврама:
– Сколько тебе лет?
– Пятьдесят один, – ответил судья, поворачиваясь. – А что?
– И тебе не стыдно поклоняться божку, которому всего лишь день от роду? Я изготовил его вчера утром!
– Не понял?! – судья Вавила развернулся.
На лице его отразилось удивление и тревога одновременно.
– Я пошутил, – неожиданно сказал Аврам.
– Вот как?! – Вавила подозрительно смотрел на него.
– Он поможет тебе... да-да... как и мне, – подтвердил Аврам. – Я проверял тебя просто.
Вавила фыркнул и вышел.

Но тут же появилась старая женщина.
– Аврам! – сказала она с порога. – Ночью ко мне в дом залезли воры и украли всех божков.
– Вот как? – спросил Аврам. – Как они умудрились?!
– Да, всех до одного. Они стояли на полочке, каждый на своем месте, я проснулась утром, окно открыто, их нет.
– Но ведь они должны были защитить себя от грабителей? – вдруг спросил Аврам.
Женщина задумалась, уставилась на Аврама.
– Видно, не смогли, – растерянно проговорила она.
– Если твои божки не в состоянии защитить себя от грабителей, то как же они защитят тебя? – спросил Аврам.
Этот вопрос ввел женщину в еще большее недоумение.

– Ты прав. Но кому же тогда служить?
Аврам молчал.
– Кому?! – настаивала она.
Аврам повернул голову к двери.
– Не знаю, – помедлил, и голос его дрогнул. – Я не смогу тебе объяснить.
– Так зачем же ты тогда говоришь?! – почти выкрикнула женщина. – Если не можешь ничего объяснить, почему тогда наговариваешь на них... на наших богов?!
– Ты извини, я плохо спал сегодня, – попытался прекратить разговор Аврам, но женщина не отставала.
– Вот я не знаю теперь, что и думать, – сказала. – Ты задал такой вопрос, что не знаю, что думать.
И с этим вышла, бормоча про себя: «Как это они дали себя украсть?!»

Аврам закрыл за ней дверь.
И устало опустился на стул.
Но тут же понял, что в мастерской кто-то есть.
Странный человек стоял у стены.
Лицо его было замотано платком.
– Кто ты? – спросил Аврам. – И почему скрываешься?
Человек выпрямился, сорвал платок. И Аврам узнал в нем одного из свидетелей – того, мускулистого, которого звали Шарир.
Шарир с ненавистью смотрел на Аврама.
– Что случилось, Шарир?
– Меня ищут, – ответил он. – Только я остался в живых из всех свидетелей. Несчастного Матлу сбросили в пропасть сегодня. А я почувствовал беду. Ушел от них...
Аврам не знал, что ответить.
Шарир не сводил с него взгляда.
– Жив еще Шелах, – сказал Аврам.
– Но это ненадолго, – ответил Шарир. – Его найдут на земле или под землей... Зачем ты это сделал? – вдруг неожиданно спросил он. – Кому нужна твоя правда?
Аврам не успел ответить.
Голос Шарира сорвался.
– Пока ты не пришел, все было просто. Есть хозяин. Есть мы. Есть наша работа. Есть семья, дети, простая жизнь... Есть наши боги. Ты все сломал ради своей правды. Ради какого-то закона... который мне смешон. И вот стоишь, чистенький, лепишь богов. А нас подталкиваешь к смерти... Я тебя спрашиваю! У меня останутся трое детей. Кто будет их кормить?!
– Оставайся здесь! – прошептал Аврам. – Тебя здесь никто не тронет.

– Они достанут везде, – обреченно произнес Шарир. – Твой отец обязан меня выдать. Иначе он пойдет против Нимрода.
Шарир повернулся к двери и вдруг сам же спросил:
– Для чего я пришел?
Скосил глаза на Аврама.
– ...никого не тяни за собой, Аврам! Живи сам со своей правдой. Нам лучше с нашими богами и с Нимродом. Нам не нужен ты!
Шарир открыл дверь. Выглянул наружу.
И через мгновение исчез.

Аврам не мог пошевельнуться.
Так длилось очень долго. Сковало тело.
Но это была не боль, страх сковал.
Аврам почувствовал, что уходит вера.
Как из разбитого сосуда вытекает вода.
Не отвечали белые стены комнаты.
Молчала улица. Тихо было там.
Пришел вечер и все люди попрятались по домам.
Снова надвигалась гроза.
Аврам смотрел прямо перед собой и ничего не видел и не чувствовал.
Казалось, прошла целая вечность.
Аврам встал, подошел к полке и обвел взглядом молчаливые фигурки богов.
Они смотрели на него, сердитые и добрые, сердечные и строгие.
Пустые...
Он-то знал это.
Пустые глиняные болваны.
Которые отбирают у человека самое главное – поиск.
Вдруг он повернулся, подхватил с пола тяжелую палку, которой подпирали дверь, и... провел ею по полке.
Посыпались на пол боги.
Он размахнулся и ударил по самым большим.
Это были просто глиняные статуэтки. И все.
Они сыпались на пол, теряя всю свою стать.
Маленькие, большие, все...
Он уже не разбирал, он крушил, что видел: богов, полки, какие-то кувшины, – разбивал все, что попадалось под руку.
Стол разлетелся от удара.

И вдруг он услышал, вернее, почувствовал, – нельзя было услышать в таком шуме, – что кто-то позвал его.

– Аврам…

Он остановился.

– Это я, – услышал он.

Аврам начал медленно поворачиваться.

Перед ним стоял жрец Биш.

Биш развел руками.

– Пш-ш-ш, – сказал он. – Кто-то разбил ваших богов? Ай-яй-яй!..

При этом усмешка была в его глазах.

Он словно впервые увидел палку в руке Аврама.

– Так это ты?! – спросил. – Что плохого сделали тебе наши несчастные боги?

Аврам не отвечал.

– Да-а, твой отец не будет доволен тобой, – сказал Биш.

Аврам молчал.

– А если об этом узнает Нимрод?

Аврам посмотрел на палку в своей руке.

И выпустил ее.

Она со стуком упала на пол.

– Или жители нашей страны вдруг услышат, что ты не любишь наших богов. Что тогда будет?

Что мог ответить Аврам? Ничего.

– Я обязан сообщить об этом, – Биш развел руками.

Аврам молчал.

– Ты не останавливаешь меня?! Не падаешь на колени, не кричишь, что это был порыв?! Что ты сам не знаешь, как это произошло?!

Биш вдруг сделал шаг к нему.

– Ты помешал мне вчера, Аврам, – прошипел он. – Кто просил тебя выскакивать?! – лицо Биша исказилось. – Надо было тебе залепить свой поганый рот глиной, заткнуться и стоять, согнув голову, как все. И не выпрыгивать!

Громко дышал Биш.

Аврам вдруг почувствовал такую усталость!

– Похоже, что из тебя надо вытащить черноту, – Биш пристально вглядывался в глаза Аврама. – Да-да, я вижу, это она правит тобой, это не ты сейчас здесь, это она. А ты слаб, не ведаешь, что творят твои руки, да-да…

Голос его усыплял.

Глаза Аврама начали закрываться.

– Ты должен указать мне путь, – вдруг сказал Биш. – Что тебе раскрылось?! Какой он?!

Он говорил отрывисто.
Аврам уже стоял с закрытыми глазами.
Вдруг тело его начало отклоняться назад.
Вот так, как он и стоял, не сгибая ног, но и не падая, он все больше отклонялся. Как маятник.
– Говори, – слышался голос Биша. – Как пройти к нему?! Говори!
– Он... – пролепетал Аврам.
– Кто он?!
– Он...
– Кто он, я тебя спрашиваю?! Я повелеваю говорить все!
– Закон.
– Я слышал это уже!
– Он один. Нет других законов, – прошептал Аврам.
Биш выпрямился.
Аврам почти парил над полом.
Биш опустил глаза.
Тело Аврама коснулось пола.
– Ты можешь провести меня к нему? – спросил Биш.
– Да, – ответил Аврам.
Он уже лежал на полу, не выходя из комы.
– Веди, – Биш склонился над Аврамом.
– Освободи место в сердце, – произнес тот.
– Что?
– Место, свободное для любви.
– Оно свободно у меня, свободно.
– Тогда ты... должен почувствовать...
Биш выпрямился.
Он смотрел в стену.
Перевел взгляд на узкое окно под самой крышей:
– Но я не чувствую.
– Место занято...
– Я прошу точно указать мне путь! – повысил голос Биш.
– Освободи место! – произнес Аврам.
– Конкретно, я говорю тебе!
– Место!
– Как это сделать?! – прокричал Биш. – Как?!
– Захотеть!
– Это не ответ.
– Не думать о себе...
Биш опустил глаза.
Выдержал долгую паузу и прошептал:

– Ты играешь со мной, щенок?! Ну, что ж, хорошо!.. Эй, кто там есть?! – крикнул. И в комнату тут же ворвались два шпиона, они подслушивали за дверью. – Ведите сюда его отца и мать.

Аврам очнулся. Он увидел себя, лежащим на полу. Над ним стоял Биш. И улыбался.
На счастье шпионов, Терах к этому времени вернулся домой.
Так что его и Амталей привели быстро.
Они увидели полный развал в комнате, груды разбитых богов, Аврама, еще не пришедшего в себя, и ухмылку Биша.
– Ваш сын разбил богов. Он бил их, ненавидя. При этом кричал. Вот вам! Вот! Проклятые боги! Он кричал: так же я уничтожу и тебя, Нимрод!
Терах с ужасом смотрел на Аврама.
С ужасом оглядывал все вокруг.
Аврам молчал.
– Это сделал ты? – спросил Терах сына.
– Да, это сделал он, – произнес Биш. – Не хорошо, что ты мне не веришь. Но я могу стерпеть, пока… По закону ваш дом должен быть разрушен. Ты, Терах, будешь лишен всех прав и должностей, тебе, Амталей, должны запретить появляться на людях, рожать детей, еще двое ваших сыновей станут чистильщиками городских свалок. На всю жизнь…
Никто не знал, что ответить.
– Скажи, что это не ты?! – попросила Амталей.
– Это я, – сказал Аврам.
– Что ты наделал?! – выдохнул Терах.
Он с ужасом смотрел на черепки, которыми был засыпан пол, на головы богов, разрубленные напополам.
– Ты не ведал, что творишь! – вдруг воскликнул Терах. – Ну, конечно, тебе отключили разум, да-да, бог разума лишил тебя его.
– Нет, я знал, что делаю, – произнес Аврам.
– Вы должны сдать его, вашего выродка, – торжествовал Биш. – Как верные подданные царя Нимрода, вы должны выдать его царю.
Амталей в ужасе посмотрела на Биша.
Терах опустил голову.
– Я не вижу другого выхода, – продолжал Биш. – Это могу сделать я, но тогда пострадает весь ваш дом… А если это сделаете вы или ты, Терах, то по законам нашей страны вас ждет награда.
– Это же наш сын, – простонала Амталей.
– Он не сын. Он – выродок, – отрезал Биш. – Ты так не считаешь, Терах?
Терах не поднимал глаз.

– Ты, самый приближенный человек к царю Нимроду, можно сказать, его друг, ты так не считаешь?!
Терах вдруг поднял голову.
– Неужели ты так не считаешь? – переспросил Биш.
Терах ему не ответил.
– Собирайся! – приказал он Авраму.
– Терах! – воскликнула Амталей. – Ты не сделаешь этого!?
– Он разрушил наших богов!
– Одумайся, Терах!
– Ему наплевать на нас, его родителей, на наш дом, на его братьев, на всех.
Было видно, что Терах уже все решил.
– Он предал нас, – заключил он твердо. – И должен поплатиться за это.
– Ты настоящий патриот, Терах, – восхищенно произнес Биш. – А я ведь думал о тебе плохо.
Аврам все это время не отвечал.
– Идем, – приказал ему Терах.
Амталей встала на пути.
– Пропусти нас, глупая женщина, – спокойно сказал Терах. – Подумай о доме, о твоих детях. Обо мне, наконец.
Он так посмотрел на нее, что невольно она сделала шаг назад.
Но, когда Аврам проходил мимо, не выдержала и обняла сына.
И прошептала:
– Прости нас, сынок.
– Это ты прости меня, мама, – ответил он.

Решение Нимрода

Дверь в покои Нимрода открыл палач Сиюта.
Он смотрел на Аврама и, казалось, не замечал Тераха и Биша.
Палач протянул руку и пальцем ткнул в грудь Авраму.
– Чего ты хочешь?! – спросил Биш.
Палач провел рукой по горлу.
– Еще не время, – остановил его Биш.
Палач еще раз провел по горлу.
Завыл и попытался закрыть дверь.
Но Биш вставил ногу в дверной проем.
– Пусти, – приказал. – Я знаю, что он опасен... Но еще не время...

Терах обреченно смотрел на Аврама.
Аврам был в своих мыслях.
Он даже не слышал палача и не видел его лица.
Оскаленное, это лицо было ужасно.
Палач все-таки пропустил их.
Но следовал рядом, как тень.
Рука его лежала на рукоятке ножа, он мог его вытащить в любое мгновение.

Они вошли в большую залу.
В центре был устроен бассейн.
По поверхности его плавали обломки льда.
Но никого не было видно.
Биш остановился у края.
Вдруг что-то черное рванулось к нему из глубины.
И над водой взлетело мускулистое тело Нимрода.
Он лег на воду.
– Ты привел своего сына, Терах? Сам привел, надо же! – Нимрод улыбнулся зловеще.
– А если мы казним его?! – спросил.
Терах молчал.
Он все-таки думал, что еще сможет поговорить с Нимродом. И, может быть, взять отсрочку.
– Я не слышу ответа! – вдруг резко сказал Нимрод. – Или ты думаешь, что я буду нянчиться с тобой? Спрашивать, как получилось, что сын моего первого министра стал моим злейшим врагом?!
– Как ты решишь, – опустил голову Терах и почувствовал, как перехватило ему горло, – так и будет.
– Это верно!
Нимрод вдруг легко выскочил из бассейна.
Он стоял напротив Тераха, высокий, мускулистый бог Вавилона…
Палач сделал шаг вперед.
– Зачем ты разбил наших богов?! – спросил Нимрод.
– Он не ведал, что творит! – торопливо ответил за него Терах.
– Да, он был в состоянии возбужденном, – подтвердил Биш.
– То есть надо дать ему время подумать? – спросил Нимрод.
– Великий царь! – в глазах Тераха появилась надежда.
– Пусть подумает, – решил Нимрод. – Десять лет…
Царь вдруг улыбнулся Авраму.
– Это будет слишком просто, если мы казним тебя, – сказал он. – У меня тогда останутся только жалкие подхалимы, от которых уже нет никакого

наслаждения... Мне хочется верить, что ты все-таки покажешь мне дорогу к твоему богу.
Он положил руку на плечо Аврама.
– Посиди, подумай. Через десять лет подземной тюрьмы все отвечают согласием.
Он указал на палача.
– Видишь, какой он послушный, мой Сиюта?.. А ведь тоже когда-то был очень со мной не согласен.
Палач закивал.
Заулыбался, показывая свой пустой рот.
Нимрод повернулся и прыгнул в бассейн.
Взметнулись над поверхностью кусочки льда.
Темная тень Нимрода стремительно уходила вниз.
Терах стоял, понурив голову.

А лицо Аврама просветлилось.
Биш смотрел на него со стороны.
Больше всего на свете ему хотелось сейчас знать, о чем думает этот Аврам...

Книга третья.
Битва

Тюрьма

Так начались десять лет тюрьмы.
Поворотные в жизни Аврама.
Там, в подземелье, где давно уже потерян счет времени, где люди годами молчат, потому что не с кем говорить, или воют, потому что потеряли слова. Там два раза в день приоткрывалось маленькое окошечко в двери снизу и просовывалось в камеру что-то ужасное. Это надо было съесть.
Там была только ночь.
Там жила только боль.
И горе.
Там жили узники Нимрода.
Да жили ли они?
Они давно уже умерли.
И для близких, и для себя.
Вот в такую темницу и попал Аврам.
В первый же день заключения он почувствовал – это произойдет здесь.
И очень скоро.

Он не мог усидеть.
От нетерпения ходил от стены к стене, часами, сутками.
Не мог сомкнуть глаз.
Знакомое радостное чувство не оставляло его и давало силы не спать и не есть.

И вот однажды, по прошествии нескольких дней, это случилось.
Наверное, была ночь.
А, может быть, и раннее утро.
…Начался разговор.
Даже не разговор, потому что не было слов.
Растворились стены, разошлись границы, и ему не хватило воздуха для вздоха.
Так сильно он ощутил Его присутствие.
«Тридцатью двумя скрытыми путями мудрости…, – услышал он. И почувствовал! – Десять сфирот сокрытия, двадцать две основные буквы, три праматери, семь двойных и двенадцать простых…».[1]
Не было стен.
<u>То, что виделось</u>, жило внутри него.

---

1   Аврам «Книга Создания».

Пространство, в котором было только одно, – Любовь.
На этом Законе держался мир.
Все мироздание.
Вавилон.
Земля.
Планеты.
Воздух.
Зло и добро.
– «Десять сфирот скрытых – выглядят, как вид вспышки, назначение их описать невозможно, но обсуждай их снова и снова, чистым речением преследуй его… Десять сфирот скрывающих – задержи от речений уста свои…»[2]

…Вдруг заскрежетала дверь.
Звук ворвался в пространство.
Аврам сидел на соломе.
Перед ним маячили глаза Биша.
За Бишем ни жив, ни мертв, стоял стражник.
– Так ты говоришь, что его здесь не было? – спросил Биш.
– Не было, – умирая от страха, пролепетал стражник.
– Но вот же он! – Биш вглядывался в зрачки Аврама.
– Но его не было! Не было! – шептал стражник. – Я вошел, я облазил всю темницу, его здесь не было.
– Где ты был? – спросил Биш.
Аврам молчал.
Биш повернулся к стражнику.
– Зачем ты придумал это, стражник? – спросил он, и лицо того начало бледнеть. – Ты мне сейчас все скажешь, лжец, – произнес Биш.
Стражник уже еле дышал. Закатились глаза его.
– Он не лжет, – возразил Аврам. – Меня здесь не было.
– А где же ты был? – спросил Биш, и улыбка появилась на его лице.
– Я был с Ним.
– Ах, Он приходил сюда, к тебе?
– Он и сейчас здесь.
Биш выпрямился… и развел руками.
– И сейчас? – спросил.
– Да, – ответил Аврам.
Биш поднял голову к черному потолку. Взгляд его медленно прошелся по всем углам.

---

2   Аврам «Книга Создания».

– Где ты, бог Аврама? – спросил он. – Если ты здесь, ответь мне.

В ответ загудел ветер во мраке коридора.

Оттуда подуло сыростью и страхом.

– Ах, ты играешь со мной, – проговорил Биш. И не было понятно, кому он сказал это.

Биш склонился над стражником.

Тот лежал на холодном полу без сознания.

Биш встряхнул его.

– Слышишь, ты, – прошипел. Стражник в ужасе открыл глаза. – Не давать ему еды! Ты меня понял? Я хочу посмотреть, как он выкрутится из этого. Биш посмотрел на Аврама. Он все так же улыбался.

– Пусть твой бог придет к тебе на помощь, – произнес жрец. – Если же не придет, позови меня. Через стражника. Скажи ему: «Я передумал. Хочу видеть Биша». И я сразу же приду.

Биш выпрямился, развернулся и вышел из камеры.

Его шаги замирали во мраке коридора.

Стражник все еще лежал на холодном полу.

Пока в ноги не вернулась сила.

Тогда он сел и, чуть не плача, проговорил:

– Как это может быть?

– Это очень просто, – ответил Аврам. – Я сидел здесь, на этой соломенной подстилке, и думал, как велика Его любовь к нам.

– Кого?

– Бога.

– А-а...

– А ты думал: где этот проклятый узник? Как я его ненавижу!

– Да, я так и думал.

– Поэтому ты и не видел меня.

– Почему?

– Ты был здесь, а я – там.

Стражник какое-то время сидел с полуоткрытым ртом, видно было, что ему трудно осознать услышанное.

– Извини меня, я простой стражник, и я ничего не понимаю. Понимаю только, что ты спас меня.

Несчастный встал.

Оглянулся.

– Но как ты будешь без еды?

– Он не оставит меня.

– И вода у нас из гнилого колодца, – стражник развел руками.

– Главное, что есть вода. Иди и не волнуйся за меня.

Стражник открыл дверь, но не торопился выходить, наконец, виновато произнес:
– Что смогу, сделаю для тебя.
И вышел.

Тьма поглотила свет.
Но Он тут же открылся внутри Аврама.
Пространство снова пропустило его...
И он вошел в него радостно.

Вести из тюрьмы

Ночью в дом Тераха постучали.
Амталей разбудила мужа.
– Ты слышал? – спросила. – Кто-то стучал...
Терах прислушался...
– Тебе показалось, – сказал он.
– Нет, – ответила она. – Что-то случилось с Аврамом.
И тут же стук повторился.
Терах приоткрыл дверь, но никого не увидел.
За дверью никого не было.
Амталей стояла за его спиной.
– Это от него, – прошептала.
– Но ведь нет никого.
– Есть... там, – она махнула рукой в сторону высокой акации. – Там, под деревом, видишь, он зовет тебя приблизиться.
Терах не без страха пошел, куда она указывала.
Немного не доходя до этого места, остановился:
– Я никого не вижу.
И тут же услышал:
– Я не хочу, чтобы меня видели. Твоего сына изводят голодом.
– Кто ты?
– Через сорок дней он умрет.
– Кто ты? Почему я должен тебе верить.
– Я не могу открыться. Но верь мне...
Послышались удаляющиеся шаги и все стихло.
Терах повернулся к Амталей...

– Умоляю тебя! – произнесла она. – Иди к Нимроду. Упади перед ним на колени!

***

Терах стоял напротив Нимрода.
Нимрод ел яблоко.
Он смачно жевал и был благостен.
При этом говорил так:
– Он очень упрям, твой сынок.
– Но ведь ты не приговорил его к смерти…
– Я передумал, пусть умрет.
– Великий Нимрод, это мой сын.
– Забудь о нем.
– Как я могу?
– У тебя же есть двое сыновей. Роди себе третьего, наконец. Твоя Амталей еще молода.
– Она не спит ночами. Она проплакала все глаза.

И вдруг Нимрод схватил Тераха за рубаху и выплюнул недожеванные куски яблока прямо ему в лицо.
– Он должен склониться, – прохрипел Нимрод яростно. – Он должен впустить меня в себя, – это был уже зловещий шепот. – Он должен показать мне, что у него внутри. Кто там правит?! Если не я, то кто?! – Шепот становился тише и тише.
Лицо Нимрода совсем приблизилось к лицу Тераха.
Ноздри его раздувались.
– Иди и не приходи больше, – сказал он. – И запомни, родившийся здесь принадлежит мне. Так и передай твоей глупой жене. Вон!
Терах попятился.
Повернулся и быстро, согнувшись, вышел.

У входа во дворец его ждал верный Сапир.
Он ничего не спрашивал, но все время заглядывал в глаза Тераха.
Шли молча.
Вдруг Терах остановился.
– Ну что ты смотришь на меня?! – чуть ли не выкрикнул он.
– Я боюсь спросить вас, господин, – произнес Сапир.
– Мы должны забыть об Авраме, – сказал Терах. – Похоже, что навсегда.
Луна висела над ними на удивление полная.
В свете ее лицо Сапира казалось еще белее.

Первый ученик

Как приняла это сообщение Амталей, как выдержала, ведь Аврам был ее любимым сыном?
Непонятно.
Когда Терах рассказал ей о разговоре с Нимродом, она, не сказав ни слова, скрылась в своей комнате.
И с этого дня замолчала.
На все вопросы отвечала жестами.
Терах не мучал ее разговорами, понимал, что с ней происходит.
Ее комната была закрыта наглухо для всех.
В центре горел большой светильник.
Под ним на полу стояли боги.
Свет падал на их головы, высвечивал глаза, складки лица. Иногда они казались живыми.
Амталей молилась.
Она молилась днями и ночами.
Окажись кто-то в ее комнате в этот момент, он бы услышал шепот: «Если он умрет, пусть умрет и Нимрод».
Вот уже тридцать дней длилась эта молитва.
Вот уже тридцать дней Аврам лежал без сил.
Внешне он очень похудел.
Внешне казалось, что жизнь покидает его.

Но внутренне…
Внутренне он проходил школу истинной жизни.
Он изучал мир, какой он есть и каким будет.
Он мог задавать вопросы и получать ответы.
– Почему мир был един? И для чего надо было разбить его?
Ему ответили…
– Так значит память о том, что мы были едины, сохранилась в нас?
И на этот вопрос он получил ответ.
– Мы снова будем одной семьей?
Ответ был настолько велик, что Аврам прошептал:
– Когда же это произойдет?
И снова ему дали ответ.

В этот момент дверь подземелья отворилась, и вошел стражник.
Он был озабочен.

Он вгляделся в смертельно бледное лицо Аврама и прошептал:
— Неужели ты так и умрешь?! Неужели боги позволят это?
Аврам открыл глаза.
Стражник поставил перед ним глиняную чашу с водой.
— Я не могу ослушаться приказа царя, — сказал он Авраму, пытаясь оправдаться. — У меня четверо детей. Что будет с ними, если Биш узнает?!
— Мне ничего не нужно, — еле слышно прошептал Аврам. — Не кори себя. Мне хорошо.
Стражник отступил.
Послышался его вздох, и дверь закрылась.

И тут же… В противоположном углу зашуршала крыса.
Но, видно, это была большая крыса…
Она раскачивала камни в стене.
Аврам всмотрелся в темноту.
Нет, он не боялся ничего.
Камень отвалился и из черноты послышался голос.
— Аврам, я принес тебе кореньев, они заменят мясо.
Показалась всклокоченная голова Сапира.
Аврам бросил взгляд на дверь.
— Ты забыл, что я охотник, — сказал Сапир.
— Тут опасно, — прошептал Аврам.
— Я все рассчитал, этот участок не просматривается…
— Уходи!
— Я все делал точно по твоим указаниям. Когда ты спас меня и Шелаха, я запомнил твое объяснение. Полз и не думал о себе, только о тебе. Это работает, Аврам!
Сапир бросил Авраму мешочек, сплетенный из листьев.
— Съешь все корни вместе с мешочком. Прямо сейчас.
— Я не хочу есть, — еле произнес Аврам.
— Это не важно. Съешь все.
— Но я не хочу…
— Ешь!
У Аврама не было сил спорить со стариком.
Он положил в рот весь этот мешочек и начал жевать
Болели вспухшие десна.
Он жевал через силу.
— А теперь уходи, — прошептал Аврам. — Если они тебя застанут…
— Не застанут.
— Я приказываю тебе.

— Ты слишком слаб, чтобы приказывать. Я не уйду, и меня никто не увидит.
Аврам вздохнул.
— Как там? — спросил он.
— Все надеются на чудо. Твоя мама молится за тебя днями и ночами. Терах посерел совсем. Он все время на стройке. Домой почти не возвращается, но я знаю, что он очень тебя любит.
— Я не сомневаюсь, — ответил Аврам. — Знаю, как ему не просто.
— Башня растет, — продолжил Сапир. — Дожди не прекращаются... Нимрод истребил уже почти всех тигров в Вавилоне. Теперь он сражается с ними голыми руками, это новый его каприз. Он очень сильный... Что еще? Ну вот, еще новость. Я вдруг ощутил себя безбожником. После того, как тебя бросили в темницу, я перестал верить в наших богов.
— Вот как?
— Да. Если они, боги наши, не могут защитить тебя, зачем я буду в них верить?!
— Значит, ты теперь безбожник?
— Да. И, знаешь, стало проще жить. Если не веришь в чудо, то делаешь его сам. Вот я и прорыл сюда ход, как крот. Тысяча локтей за тридцать дней. Такое никому не под силу, а у меня получилось. Потому что я все время думал о тебе... Держи, еще корешки.
На грудь Авраму упал еще один мешочек из листьев.
— Это корни. Они лучше любого мяса. Внешне ты будешь увядать, а внутренне — жить. Мы их всех обманем, всех богов, включая и эту зверину — Нимрода.
— Сапир, ты так изменился?!
— Твой Бог стал больше привлекать меня. Собирайся.
— Куда?!
— Не волнуйся, я тебя сам потащу, тебе надо будет только отталкиваться ногами и все.
— И не думай...
— Мы уйдем в горы. Нас никто не найдет. Там уже и Шелах, и Шарир. Мы будем жить все вместе. Разве это не здорово?! Собирайся.
— Нет, ты уйдешь, как и пришел.
— Без тебя я не уйду.
— Я останусь здесь.
— Ты что, не понял меня?! Через час мы будем на свободе. Мы уйдем в горы, ни одна живая душа не найдет нас.
— Я никуда не уйду отсюда.
— Почему, Аврам?!
— Ну, во-первых, это опасно для тебя и для меня.

– Никакой опасности!
– Во-вторых, если я исчезну, казнят стражника.
– И поделом ему!
– У него жена и дети, Сапир, и он был добр ко мне. А в-третьих, я благодарен и Богу, и Нимроду за то, что меня заточили сюда.
– Ты бредишь, Аврам?
– Я не могу передать тебе, насколько велико это Добро, обращенное ко мне.
– Добро?!
– Величайшая любовь, о которой я теперь знаю.
– Ты бредишь, мальчик мой? – встревоженно спросил Сапир.
– Так хорошо я себя никогда не чувствовал.
– Значит, получается, что твой Бог пришел к тебе.
– Конечно. Он и не оставлял меня никогда.
– И меня тоже? – спросил Сапир.
– Нас всех. Всех людей, Сапир, включая Нимрода, Биша, всех.
– Аврам, научи меня говорить с Ним, – вдруг попросил Сапир. – Научи, а?! Я ведь уже не верю в наших богов.
– Я бы очень хотел научить тебя, – ответил Аврам. – Но дело в том, что я не знаю, как… – он перевел взгляд на Сапира, взгляд был теплый, обнадеживающий. – Но узнаю. Обещаю тебе, Сапир. И тогда объясню все просто, и ты все поймешь.
– Я верю тебе, Аврам, и буду ждать. Я еще приду к тебе, – сказал Сапир.
– Не приходи, это опасно.
– Не волнуйся, они в жизни меня не поймают. Я ведь как наш хамелеон, помнишь его? Его никто не видел, кроме меня и тебя. Приду завтра, принесу еду.
– Хорошо… только очень осторожно… Помни, я не прощу себе, если они поймают тебя.
Сапир засмеялся.
– Как я счастлив, что мы будем вместе! – воскликнул он.
– И я, – прервался голос Аврама. – Очень…
Послышался странный звук, это Сапир всхлипнул.
И сразу же произнес:
– Ну… я двинулся… буду ночью… прощай, Аврам.
Заскрипел, задвигаясь, камень.
И действительно, никто бы и не подумал, что здесь прорыт ход, так искусно все было спрятано.

Аврам остался один.
Он лежал с открытыми глазами, прислушивался.

Приближался отдаленный гул.
Аврам знал, что это гром.
Для Вавилона – бедствие.
Для Аврама – ответ.
Он встал с кушетки.
Сделал это легко.
Похоже, корни Сапира подействовали.

Вдруг снова пришло то неповторимое ощущение безопасности и любви, которое он никак не мог никому передать.
Аврам ощутил простор.
Темница осталась где-то там.
Аврам улыбался...

Нимрод спускается в темницу

Таким и увидел его стражник, улыбающимся.
Он склонился над Аврамом.
– Отходит, – сообщил он кому-то.
– Сколько он не ест? – послышался другой голос, будто издалека.
– Тридцать шесть дней, великий царь, – ответил Биш. Это был его голос.
Отстранив стражника, он всматривался в зрачки Аврама.
– Нет, он жив... жив... – сказал Биш. – Только лишился сил...
– Дай ему воды, – послышался голос Нимрода.
Нимрод сел рядом с Аврамом.
– Он слышит меня? – спросил.
Аврам пошевелил рукой.
– Да, великий царь, – ответил Биш.
По губам Аврама потекла вода...
Он сделал глоток.
– Я приказал накормить тебя, – сказал Нимрод. – Я не знал об этом самодурстве Биша... Он будет наказан.
– Он хотел сделать тебе подарок, великий царь, – проговорил Аврам. – Не наказывай его.
– Поднимите его! – приказал царь.
Биш подхватил Аврама, легко приподнял и усадил, прижав спиной к стене.

Нимрод прошептал в ухо Авраму:
– Почему Он заливает нас дождями?!
– Потому что мы не слышим Его, – еле шевелились губы Аврама.
– А что Он нам говорит?
– Что мы не должны сопротивляться Ему.
– А мы сопротивляемся?
– Да.
– Чем?
– Мы чужие друг другу…
– А должны быть родные?
– Да.
– Потому что Он – Любовь? – спросил Нимрод.
– Да.
– Значит, я должен выпустить приказ: Любите друг друга?
– Приказ не поможет.
– Что поможет?
– Нужно начать говорить с ними, – каждое слово давалось Авраму с трудом, – с жителями Вавилона… о законе… О единстве, – едва шевелились потрескавшиеся губы Аврама. – О любви.

– Значит, ты хочешь, чтобы я говорил с этими о любви?! Ты хочешь, чтобы я сел за один стол с ним, – Нимрод небрежно ткнул пальцем в сторону палача, и тот оскалился пустым ртом. – И чтобы я!!! Говорил с этим! – Палец Нимрода уткнулся в стражника. – Получается, что ты хочешь развалить царство.
– Сделать Вавилонию великой, – слышались слова Аврама.
– Она и сейчас великая, – ответил Нимрод.
– Божественной.
– Она и сейчас божественная.
– Дожди не прекратятся, – прошептал Аврам. – Башня падет.
Нимрод резко выпрямился. Слова Аврама пронзили его. Разозлили. Ранили.
– Я хотел помочь тебе. Но ты так и не научился стоять перед царем… согнувшись… Прошло два года, Аврам.
Нимрод встал.
– Тебе будут давать есть, ты пробудешь здесь десять лет.
– Но ведь ты пришел узнать о Боге, – прошептал Аврам. Он смотрел на Нимрода, и взгляд его был ясен.
– Я пришел, потому что мне стало скучно, – ответил Нимрод. – Хотелось развеяться. Развеялся…
Нимрод вдруг зевнул и развел руками.

Затем, не торопясь, вышел из подземелья.
Биш поспешил вслед.
Но напоследок оглянулся на Аврама.
– Или ты сумасшедший, – сказал. – Или ты действительно…
Он не договорил.
Дверь закрылась за ним.

Аврам снова остался один.
И снова его подхватила волна…
Подхватила.
И понесла.
Он не видел, но чувствовал все, что происходит.

Ему было тяжело от несправедливости, творящейся в мире.
Он стонал от нищеты, которая есть и будет.
Он видел, как без причины начинаются войны.
Как побеждают разум жестокие времена.
Убить человека становится все равно, что наступить на муравья.
Унизить – все равно, что плюнуть.
И несмотря ни на что, за всем этим он чувствовал и логику, и связь, и высшее управление.
Было видно откуда все и для чего.
Не было хаоса.
Словно снималась грязь слой за слоем, и за ней открывался свет.
…И снова, – не ясно, сколько времени минуло.
Может быть, мгновение прошло, может быть, минута, час. Или год.
Времени не существовало в подземелье.

Приходил и уходил Сапир, вернее, пробирался через лаз. Приносил коренья и уже не приставал к Авраму со своими разговорами.
Видел, тут другая беседа развивается. Главное – не мешать. Сидел в сторонке, в тишине, сколько позволялось.
Сидел, радовался, наслаждался, а потом уползал обратно в мир, где нет любви, где беспрестанно лили дожди и тоскливо было без Аврама.
Так и прошли еще пять лет.
И действительно, времени не существовало для Аврама.

Но оно невыносимо долго тянулось для Тераха и Амталей.
Тоскливо было им без сына.
Невозможно было жить без него.

Росли его братья, Нахор и Аран, но они были совсем другими. Не такими ласковыми, не такими умными, не такими родными. И ни на мгновение не могли ослабить тоски и памяти об Авраме, конечно же, нет!

Аран, например. Он сразу же понял, кто правит в этом мире, что природу человека изменить нельзя и что, как родился человек злым, так злым и умрет.

Надо использовать других, чтобы самому быть в порядке. Это он хорошо усвоил.

Потому и посещал уроки колдовства, которые давал Биш.

И получилось, стал одним из самых лучших его учеников.

Он верил в идолов, или делал вид, что верит.

Он преклонялся перед Нимродом, его действительно восхищала властность и сила царя.

Он считал Аврама недальновидным, жалел его. Но когда говорили: «Так это, значит, твой брат в тюрьме?», отвечал, не задумываясь: «Он мне не брат после того, что сделал».

Нахор был более скрытен, молчалив, больше тянулся к простым занятиям, простым людям, только не к власти.

И сила его пугала тоже.

Он был послушен и невидим. Совсем не Аврам.

Амталей все эти годы молчала.

Она поняла – ее сына ненавидят, боятся и продержат в тюрьме до конца срока.

Она закрылась для всех вокруг.

И для Тераха.

Терах также, как и она, хотел бы отстраниться от этого мира, который приносил ему только боль и страдания.

Но как он мог?!

Он по-прежнему отвечал за стройку. Работал, как угорелый, не возвращаясь домой неделями, так пытаясь спастись от губительных мыслей.

Днем и ночью его видели на башне или рядом с ней, всегда полного сил.

Шел слух, что он не спит никогда.

Причиной тому было не только его желание забыться или невероятная работоспособность. В Терахе сидел страх перед Нимродом.

Однажды царь появился перед Терахом неожиданно.

Как обычно шел проливной дождь. Терах стоял на краю башни, на высоте в несколько сот локтей.

Бежали мимо тележечники.

И вдруг он услышал голос.

– Ты так предан мне, Терах?!
Терах обернулся.
Нимрод стоял вплотную к нему.
– Говорят, ты не уходишь отсюда ни днем, ни ночью? – спросил Нимрод.
– Я хочу, чтобы башня достигла небес как можно быстрее, великий царь, – отвечал Терах.
– Потому что в подземелье заточен твой сын?
Терах не мог укрыться от взгляда Нимрода.
– Надеешься, что я освобожу его?
Царь стоял на самом краю башни. Достаточно Тераху шевельнуть пальцем, и Нимрод свалился бы вниз и разбился насмерть.
И действительно, мысль эта пронзила Тераха.
Но разве он мог?!
– Мой сын Аврам провинился перед тобой, великий царь, – произнес Терах и опустил голову.
Нимрод выдержал паузу.
– Пока ты хорошо служишь мне, он будет жить.
Сказал, повернулся и исчез в кромешной пелене дождя.
С этого дня Терах совсем обезумел.
Он не покидал стройки вообще.
Часто в кромешной тьме, под проливным дождем, вдруг проявлялась его фигура…
Видели люди, что он, как все, бежал с тележками.
Как все, мог выкладывать стену камнями.
Умел управлять печами Шелаха, выпекать кирпичи.
Он умел все. Он не уходил со стройки.
Знал, для чего это делает.
Помнил слова Нимрода.
И в то же время понимал, что дома его ничего хорошего не ждет.
Сыновьям Арану и Нахору он не нужен, те живут сами по себе.
Амталей? Все время ощущать на себе ее укоризненный взгляд?
Слышать ее молчание?
Нет, невозможно!
Все эти годы стена стояла между ними…
Которую нельзя было сломать.
Терах понимал, пока Аврам в тюрьме, Амталей не заговорит.

Но однажды, он еле приполз домой, валясь с ног.
Мертвый от усталости, не мог больше находиться на стройке.
Амталей встретила его молчанием.
Безразличием.

Ей было все равно, здесь ее муж или нет.
Она подала ему еду и хотела уже идти к себе в комнату.
И тут Терах не выдержал.
Он схватил ее за руку, повернул к себе и спросил:
– Почему ты превратила мою жизнь в ад?!
– Потому что моя – ад, – ответила Амталей.
– Это я виноват в этом?
– Это ты привел нашего мальчика к Нимроду! А значит, это ты…
– Если бы я этого не сделал, не было бы ни тебя, ни меня, ни других наших детей, – ответил Терах.
– Порой мне кажется, ну и пусть! – ответила Амталей.
И вдруг обмякла. Беспомощным стало ее лицо, слезы навернулись на глаза, и она произнесла совсем по-другому, тихо:
– Я не могу без него, Терах!.. Неужели ты не понимаешь?! Я пытаюсь как-то жить, но это не жизнь!
Терах шагнул к ней, обнял.
Она поддалась.
– Он был моим светом! Моей радостью. Моей надеждой. Он ведь так тяжело нам дался, этот лучший на свете ребенок.
Прислонила свою голову к груди Тераха. Она тихо стонала.
– Почему боги так не милостивы к нам?!
Слезы катились по ее щекам, она не могла уже сдержать их.
– Я знал, что когда-нибудь этим закончится, – произнес Терах. – И ты знала, Амталей… У нас родился особый мальчик… Он восстал против великого царя. Я объяснял ему, я умолял его смириться. Но он не хотел слышать. Всегда с ужасом я ждал часа, когда Нимрод прикажет казнить его. Но боги смилостивились над нами…
– Смилостивились?!
– Он жив, Амталей, не забывай об этом!.. И скоро вернется. И я хочу, чтобы он вернулся, все поняв… Мне доносят, что он здоров, что Нимрод распорядился кормить его, как следует, и он ест все, что ему приносят.
– Да? – спросила она с надеждой. – Это правда?
– Я знаю это наверняка, – ответил он. – Я ведь строю башню. И пока башня растет, нашего мальчика будут кормить. Ведь башня – гордость Нимрода.
Амталей прижалась к нему еще сильнее.
Они вместе вошли в ее комнату…
И Терах замер…
Даже он не ожидал того, что увидел.
Он увидел испещренную черными крестиками комнату.
Он в ужасе посмотрел на Амталей.

– Каждый день без него – день, прожитый зря, – сказала она.

***

Так и прошли десять лет заточения Аврама.
Каждый день, как вечность.
Каждый день – вера в то, что когда-нибудь Аврам вернется. И неверие, что Нимрод сдержит свое слово.
Страх был, что придумает какую-нибудь новую подлость или насоветует ему что-то ужасное ненавидящий всех Биш.
Чуда они ждали – Терах и Амталей.
Молились все больше и горячее, по мере того, как срок приближался.
И вот он пришел, срок освобождения.

Свобода. Надолго ли?

Когда Аврама выводили из темницы, стражник украдкой пожал ему руку. Аврам ответил улыбкой. Не было в нем того волнения, которое естественно для тех, кому дают свободу после десяти лет заточения под землей. Это удивило стражника.
Он вел Аврама по темному вонючему коридору.
Справа и слева в клетках сидели измученные люди.
Обросшие, исхудавшие, уже не похожие на людей, они не поднимали глаз. Они давно потеряли всякую надежду...
Аврам понимал, что сейчас спасти их не сможет.
Но знал также, что сделать это в его силах.

Приближалась тяжелая дверь.
Аврам вдруг почувствовал на себе пристальный взгляд.
Усталый человек, обросший, в лохмотьях, смотрел на него, прищурившись.
Человек вскочил вдруг, ухватился за решетку, чтобы не упасть и прохрипел:
– Ты?!
Аврам узнал его сразу же.
Это был разбойник Хадад.
– Да, это я, Хадад, – просто ответил Аврам.
– Ты помнишь меня? – удивился Хадад.
– Конечно. Ведь нам с тобой предстоит сделать еще очень многое.

Стражник легонько подтолкнул Аврама вперед.
– С этим нельзя разговаривать, – произнес. – Он здесь навечно!
Он вел Аврама к мерцающему свету двери.
Хадад, пораженный, смотрел вслед.
Там, где давно поселилась черная тоска и ненависть, – в сердце Хадада, что-то вспыхнуло и оставило след.

В тюремном дворе было темно от набежавших туч.
Собиралась гроза.
Аврам улыбнулся.
Его никто не подгонял.
Так и стоял, вдыхая свежий холодный воздух.
Он был лишен его десять лет.
У ворот ждала повозка Нимрода.
– Великий царь повелел провезти тебя с почестями, – сказал возница.
– Они что-то готовят, – прошептал тревожно стражник.
Аврам улыбнулся и дал понять, что все понимает.
Чувствует заботу стражника.
И благодарен ему за все.

***

Дома никто не знал, когда его привезут.
Месяц Амталей не выходила из дома, боялась, что Аврам вернется без нее. Нет, не могла она этого допустить.
Целыми днями стояла на пороге, от которого просматривалась вся улица.
В тот день Терах был на стройке.
Шли проливные дожди, и это обязывало начальника быть там.
На улице появилась повозка Нимрода.
Амталей увидела её сразу же.
– Нимрод! – она отпрянула от окна.
Позади нее оказался Сапир.
Верный Сапир, он не отходил от своей госпожи ни на шаг.
– Если что-то случилось, – прошептала, – я не смогу жить...
Оба, замерев, смотрели, как медленно приближается повозка.
Как появляется из нее нога в грязных обмотках.
А затем и бородатый человек с горящими глазами.
– Аврам! – воскликнула Амталей. Как она узнала его, такого?! – Сын мой! – рванулась к двери, распахнула ее и упала на руки Аврама.
Так они и стояли вечность.

Сапир же крутился вокруг, гладил Аврама, заглядывал ему в глаза. И повторял все время:
– Авра-а-ам, вернулся… Вернулся, сынок! И ничего… И вот он какой, красавец наш, а?!..
Через несколько минут он уже гнал, не жалея коня, через стену дождя. Гнал на строительство, чтобы сообщить Тераху о возращении сына.

Глубокой ночью появился Терах.
Он ввалился, промокший, еле живой от усталости, но самый счастливый на свете!
Аврам первый сделал к нему шаг.
Они обнялись.
И словно ничего и не было, ни десяти лет разлуки, ни раздоров, ни предательства, ничего.
Были сын и отец.
Любящие, родные, навек вместе, – сын и отец.
И Терах не выдержал.
Впервые за все время он заплакал.
Никто никогда не видел его слез.
Они, светлые, текли и текли по щекам его.

Несколько дней от Аврама не отходили.
Заглядывали в глаза.
Кормили самым вкусным.
Не мучали вопросами.
Хотя вопросы и висели в воздухе.
– Что у него внутри?..
Тот ли это Аврам, те же ли вопросы мучают его?
Или все прошло, забылось, решилось само собой?
Терах многое бы отдал, чтобы услышать ответы.
Но он хотел, чтобы Аврам пришел в себя, освоился, – это с одной стороны. С другой, – он боялся услышать ответ.
Так прошло несколько недель.

И вдруг однажды ночью забили большие
барабаны великого жреца.
И голос его, усиленный сотнями голосов его учеников, провозгласил:
– Жители Вавилона, буря! Идет буря!
Испуганные, вскочили со своих теплых постелей жители Вавилона. Они знали – великий жрец никогда не ошибается.

– Боги требуют молитву! – возвестил жрец. – Молитесь, люди Вавилона! Идет буря! Она несет смерть!.. Молитесь за бога Нимрода! Молитесь за бога Мардука. Один – на троне земном, другой – на троне небесном!
Люди вглядывались в черное небо.
Вспышки молний озаряли город.
И тогда высвечивалась в ночи великая надежда Вавилона – башня.
Она гордо поднималась вверх, упираясь в тучи.
На вершине ее днями и ночами горело пламя.
Летели жрецы по лестницам вверх.
Развевались их цветные одежды.
Пламя не должно было погаснуть.

В доме Аврама стоял переполох.
Всех поднимали на молитву.
Падали на колени, испуганные, дрожащие слуги и хозяева.
Все, кроме Аврама.
Амталей умоляюще посмотрела на него.
Он поймал взгляд матери.
И сделал, как она хотела.
…Но видел Терах его лицо, видел.
Так не становятся на колени перед богами, нет.
Аврам вернулся тем же Аврамом.
И тогда заскрипел зубами Терах и закричал:
– Ты что же, хочешь нашей смерти?!
Аврам устремил на отца свой взгляд.
– Молись! – приказал Терах.
И Аврам зашептал молитву.
Но не заученную с детства молитву к идолам, другую, свою.

Тем временем обо всем, что происходило с Аврамом, доносили Нимроду.
Оказалось, что, кроме Тераха, Амталей и Сапира, все приближенные в их доме – шпионы Биша.
Они докладывали о каждом шаге Аврама со рвением, самозабвенно.
Во имя Нимрода, во имя Вавилона…
Во имя себя.
Биш получал от них сведения и передавал Нимроду.
Он шептал царю: «Надо избавиться от Аврама. Избавиться! И как можно быстее! Потому что и люди докладывают, и звезды кричат, – быть беде!»

Нимрод слышал, верил, но ничего не делал.
Однажды посмотрел на Биша пронзительно и задал странный вопрос:

– Им так нравится шпионить?
– Ради тебя они готовы продать мать родную! – ответил Биш горделиво.
Нимрод повернулся и вышел из зала.
И приказал не ходить за ним.

Он вышел в город один.
Никому не известный, переодевшись в торговца пряностями, он шел с лотком по улицам.
Ливень его не пугал.
Непромокаемый плащ закрывал с головы до ног.
Он шел, все замечая.
И поскольку его не стеснялись, подумаешь, всего лишь торговец пряностями, сумел увидеть свой народ.
И сделать выводы.
Он был умен, этот царь Нимрод.

Через три дня Нимрод вернулся во дворец.
И закрылся, приказав никого к себе не впускать.
Только палач Сиюта мог входить в его палаты.
Но никто не знал, что он там видел и слышал. А вместо ответа на вопросы Биша, Сиюта только открывал свою звериную пасть и рычал.
Дожди уже не прекращались.
Лили и лили беспрестанно.
Все колодцы были забиты грязью, она заполнила улицы города.
В стране не хватало питьевой воды.
Не хватало и еды.
Уже прирезали всю домашнюю скотину.
Птицы не пролетали над городом.
Дикие звери исчезли в округе.
Тьма стояла непроглядная.
Ветер сбивал с ног.
Людей хоронили сотнями.
Боясь эпидемий, вырыли огромный ров и бросали туда.
Вот, когда проявилась по-настоящему суть человеческая.
Никому не было дела ни до кого.
Нет соседей, родных, близких, есть только моя «шкура» – так жили.

Все это время царь Нимрод не показывался на людях.
Он знал, что происходит.
Знал, что по-другому не может и быть с его народом.

И вот однажды он что-то шепнул Сиюте, и уже очень скоро перед троном его стоял Аврам.

Вами правило чудовище!

Нимрод смотрел на Аврама с высоты своего трона.
Биш был тут же, пытался проникнуть в мысли царя. Но невозможно знать, что тот задумал.
Глаза Нимрода вдруг блеснули.
Но не тем блеском превосходства, к которому все привыкли. Было там что-то другое.
Слеза там блеснула.
Слеза?!
Этого не может быть!?
Биш даже вытянул шею, пытаясь удостовериться. Ошарашенный, растерянный, убитый. Потому что действительно это была слеза...
– Ты считаешь, что этого можно достичь? – спросил Нимрод.
Биш не понял вопроса. К кому обращается Нимрод? Чего достичь?!
– Обязаны, – ответил Аврам.
– Объясни! – Нимрод начал спускаться к нему с высокого трона.
– Людям плохо, – сказал Аврам.
– Я вижу, – Нимрод произнес это с болью, не свойственной ему.
– Потому что мы живем не по Закону.
– Мы не можем жить по твоему закону!

Только сейчас Биш понял, о чем речь. И ужаснулся! Нимрод обсуждает эту чушь?! Этот бред сумасшедшего Аврама?!
– О великий Нимрод! – воскликнул Биш
– Замолчи! – оборвал его царь.
Биш хотел орать, выть, взывать, крушить, но жесткое воспитание Нимрода сработало. Он отступил. Смолчал.
Пылал внутри, но стоял молча, потупив взгляд.

– Своей ненавистью друг к другу мы вызываем бурю и смерть, – сказал Аврам.
– Надо расселить их! – ответил Нимрод. – Всех моих подданных. Расселить! Все очень просто. Не будут общаться, не будут ненавидеть друг друга.

– Закон говорит, что их надо соединить.
– Ненавидящие не могут соединиться.
– Могут.
– Как?!
– Над ненавистью.
– Это невозможно!
– Закон говорит, что необходимо. И рассказывает, как.

Биш не верил своим ушам.
Он искал подвох. Здесь что-то не так. Или он, Биш, сошел с ума, или…
– Что, Биш? – Нимрод вдруг перевел на него взгляд. – Ты думаешь, я ли это?
Биш вздрогнул. Прямо был задан вопрос.
Нимрод читал его мысли. Впрочем, как и всегда.
– Я не сошел с ума, – сказал Нимрод. Кивнул на Аврама. – Это он разбудил меня…
– Чушь! – прошептал Биш. – Колдовство, – он уставился на Аврама.
– Народ ненавидит меня!
– Он любит тебя, великий царь!
– Он не умеет любить, этот народ.
– О, Нимрод! О великий царь!
– В нем есть только страх. И ненависть!
– Ты ли это?!
– Этот народ продаст всех – брата, сестру, мать, отца. И это я сделал его таким.
– О боги!
– А боги?!... Боги сотрут нас с этой земли!
Нимрод закрыл глаза и веско добавил:
– И башня не поможет.
Биш не мог вымолвить ни слова.
Молчали все. Боялись шевельнуться.

И вдруг Нимрод положил руку на плечо Аврама и сказал:
– Я давно уже ищу того, кто сменит меня.
Биш задрожал.
– Им будешь ты, – сказал Нимрод Авраму.
Биш потерял равновесие и ухватился за тяжелую занавесь.
Аврам выпрямился.
– Ты умен, – продолжил Нимрод. И видно было, что он взвешивает каждое слово. – Ты честен. С юных лет ищешь правду. Меня боялись, тебя будут уважать. Я был безжалостен, ты будешь милостив. Я властвовал жесткой

рукой, ты принесешь справедливость. Готовься. Я хочу, чтобы ты принял от меня царство.

Почему не ударили молнии?! Почему не разверзлась земля, и не поглотила всех?! Об этом думал Биш.
Он был не в силах стоять.

Аврам же смотрел в глаза Нимрода.
И видел, что тот открыт.
– Это невозможно, великий царь, – сказал Аврам.
– Только это и возможно, – произнес Нимрод. – Ты не вправе отказаться.
– Безумие! – прошипел Биш.
– Еще слово и я прикажу отрубить тебе голову, – спокойно сказал Нимрод.
– Пусть рубит. Если это говоришь ты, великий царь, значит, в тебя вселился бес.
– Отруби ему голову! – приказал Нимрод, и палач мгновенно скрутил Биша, склонил его голову к полу и занес над ней свой тесак.
– Нет! – попросил Аврам.
– Он неисправим, – ответил Нимрод. – Лучше, чтобы никто не мешал тебе вершить справедливость.
– Я не хочу ничьей крови, – возразил Аврам.
Нимрод помедлил…
И вдруг склонил голову перед Аврамом:
– Твоё слово – закон для меня.
И палач тут же ослабил хватку.
Покосился на хозяина.
Все понял и отошел в сторону.

– Всех сюда! Сейчас же! – приказал Нимрод.
Не прошло и минуты, как в комнату начали просачиваться испуганные министры, жрецы, предсказатели.
Они остановились у двери, боясь приблизиться.
Последним вошел Терах.
Сразу было видно, что он не здоров.
Руки его дрожали. Лицо воспалено.
Глаз Терах не поднимал.
– Я хочу объявить вам свою волю!
Все приготовились слушать приказ великого Нимрода.
– Отныне… – Нимрод взял Аврама за руку и медленно поднял ее. – Вот он – ваш новый царь.

Все растерянно переглядывались.
Терах побледнел.
– Отныне каждое его слово да будет законом для вас. Каждый приказ его быстрее стрелы выполняйте. Каждый каприз, каждая мысль его... да будут святы для вас. Мы удостоились чести. Будет мудрец у власти.
Не понимали.
Замерли.
Втайне надеясь, что это игра.
Очередная проверка их преданности.
Но нет, царь не играл.
И не проверял.
Каждое слово было продуманно и прожито.
– Я буду пока рядом, – сказал Нимрод. – Но я намерен отойти от управления страной. Как можно быстрее. Мне не нужно ничего из накопленного, – он склонил голову перед Аврамом. – Прошу тебя, разреши мне жить в тишине. В моем доме, в Великой пустыне.

Нимрод оглядел всех.
И приказал:
– Присягайте!..
Первым опустился на колени.
Все замешкались.
Страх сковал их.
Головы шли кругом, – что делать?! Присягать – не присягать?! Вставать на колени – не вставать!
– На колени! – послышался окрик Нимрода!
Начали опускаться.
Оглядываясь друг на друга.
Испуганные, не понимающие...
Аврам бросился поднимать Нимрода.
Тот не вставал, склонился еще ниже...
Только Биш стоял в стороне, дрожа от стыда и ненависти.
Но, встретившись со взглядом Нимрода, и он сполз на колени.
Стояли на коленях все.
И Аврам вдруг встал.

– Ты обязан помочь своему народу! – просто сказал Нимрод.
– Я не могу...
– Это тебе открылся Закон! Не мне. Каково твое первое решение?
– Я не могу быть царем...
– Тебе безразличен твой народ?!

– Мне дорог мой народ.
– Я прошу тебя, – вдруг сказал Нимрод и произнес это так тихо, так проникновенно, так по-другому, что все вздрогнули: «Откуда это в нем?!». – Прошу тебя, я прошу... веди нас к твоему Закону. Скажи нам, что делать? Сейчас. Прежде всего.
– Освободить всех узников, – сказал Аврам.
Нимрод посмотрел на него пристально.
– Там нет ни одного преступника, – добавил Аврам.
Нимрод перевел взгляд на Биша.
– Ты слышишь, Биш? – спросил он и начал подниматься с колен.
Все встали вслед за ним.
– Командуй, Аврам. Вот он, министр тюрем, – указал на коротышку без шеи. – А ну-ка, тюремщик, подойди!
Дрожащий министр приблизился.
– Я прошу освободить всех узников, – произнес Аврам. – Всех до одного. И не преследовать тех, кто скрывается.
Министр перевел безумный взгляд с Аврама на Нимрода.
– Ну?! – произнес Нимрод.
И министра как сдуло с места.

Под окнами уже слышался гул...
Аврам подошел к окну.
Нимрод стал за его спиной.
Палач распахнул створки.
Толпа, края которой не было видно, колыхалась внизу.
Нимрод подтолкнул Аврама вперед и, не дав ему опомниться, произнес:
– Отныне вот он, ваш царь, – царь Аврам.
Слова Нимрода повторили глашатаи.
И осеклись, только сейчас поняв, что они озвучили.
Молчание стало ответом. Такое молчание, что было слышно, как птица парит в воздухе.
– Вы не поняли?! – спросил Нимрод. – Отныне Аврам будет править нашей страной. Справедливый царь. Он приведет нас к счастью...
Молчание.
– Вы не рады этому?!
Молчание.
– Это решил я. Меня никто не заставлял. Вы достойны мудрого правителя.
Молчание.
– Вы что? Не слышали, что я сказал? Не понимаете, что происходит?!
Конечно, они ничего не понимали.
И дрожали от этого непонимания.

– Я устал.
Народ не дышал.
– Вами правило чудовище.
Кто-то в первом ряду упал, не выдержав напряжения.
– А вы прославляли его, несчастный-несчастный мой народ.
Рты были открыты. Глаза выпучены.
Народ – тысячи и тысячи – не шевелился.
– Я нашел замену этому чудовищу. Я ухожу!.. Слава великому Авраму!
Молчали.
– Слава великому Авраму! – повторил Нимрод громче.
И вдруг из толпы раздался одинокий приглушенный шепот.
– Слава…
И еще кто-то прошептал:
– Великому Авраму…
Это был шепот, но его услышали в этой гремучей тишине.
И вдруг чья-то глотка подхватила:
– Да, здравствует великий Аврам!
А за ней десятки глоток…
Сотни…
Тысячи…
И понесся гул над площадью, над равнинами и лесами.
– Да здравствует, великий Авра-а-аммм!

Аврам стоял на балконе.
Чувствовал, как поднимается к нему волна тепла.
Надежды. Молитвы.
Он понял, – народ ждет чуда.
Аврам опустил глаза.
– Ты не можешь разочаровать их, – шепот Нимрода проник в самое его сердце.

Правление Аврама

Так началось правление Аврама.
В этот же первый день Нимрод привел его в казну.
Они шли мимо слитков золота, уложенных аккуратными стопками.
Алмазов, горами выпирающих из деревянных ящиков…

Все богатство Вавилона было собрано здесь. Комнаты, залы забиты сокровищами.
Нимрод был рядом.
Он искал блеск в глазах Аврама.
Разве можно не трепетать перед таким богатством!?
Да, появился блеск в глазах Аврама. Но не тот, которого ждал Нимрод.
– Я хотел бы получить список всех бедных семей Вавилона.
– Ты хочешь раздать все это? – спросил Нимрод.
– В семье не может быть голодных, если есть еда, – ответил Аврам. – Еще я хочу знать, сколько у нас больных, тех, кто не может работать, сколько сирот, одиноких матерей… Я хочу знать все.
Рядом бежал секретарь, записывал.
Тут же переправлял записи с гонцом дальше, к министрам.
Уже через несколько минут пришло известие, что никогда не проводилась такая перепись, и что постараются как можно быстрее ее подготовить.

Когда они вошли во дворец, министры выстроились в ряд.
Почтительно склонились перед Аврамом.

– Я хочу знать, – продолжал он, – какое образование получают наши дети. Необходимо ввести изучение Закона, который управляет нами. Что такое этот единый Закон? Что это за Единая Сила? Чего она хочет от нас? Как постичь ее? Что значит нам стать одной семьей вавилонской?
Он повернулся к Нимроду:
– Прошу освободить Старика.
– Ты правишь, Аврам, командуй! – спокойно ответил Нимрод.
– Только он сможет объяснить, что такое народ, живущий, как одна семья.
– Я знаю, он сможет, – подтвердил Нимрод.
И не надо было ничего говорить.
Уже летел гонец с вестью в Великую пустыню, к Старику.

Вечером Авраму была приготовлена спальня.
Но он ушел ночевать домой.
Его хотели довезти на царской повозке, но он пошел пешком.
По дороге его встречали восторженные жители города с подарками.
Но он не хотел брать их.

Домой пришел поздно.
Мать накрыла на стол.
Амталей не верила Нимроду.

Она просила Аврама не начинать сразу с больших перемен. Народ не готов к ним.
Да и Нимрод… Неизвестно, сколько он выдержит.
Аврам отвечал ей, что каждое мгновение, проведенное просто так, преступно.
Отец, притихший, сидел во главе стола.
Он ревновал Аврама к власти, которую тот получил.
Он, Терах, всю жизнь служивший Нимроду, знал только унижения и приказы, хотя склонялся перед царем всю свою жизнь.
А Аврам не склонился.
И стал царем.

Аран, брат Аврама, пришел со своей дочерью Сарай.
Аран сиял.
Только что его несли на руках по улице.
Просто так. Подхватили на руки только потому, что он – брат Аврама.
Продавец мебели вошел утром к нему в дом и ничего не говоря заменил всю мебель на новую – крепкую, очень дорогую.
Верховный жрец намекнул, что не прочь взять его к себе на службу. И спросил, как Аран смотрит на это.
Но Аран считал, что он стоит большего.
И ждал новых, больших предложений.
Он не ошибся.
Поздно вечером дошел до него слух, что сам Нимрод говорил о нем с Аврамом.
Нимрод предложил назначить Арану высокую должность.
Но Аврам не собирался устраивать судьбу своего брата. И Аран хотел повлиять на него.
Сейчас он пришел сказать, чтобы тот хорошенько подумал.
Ведь вместе будет проще все поменять.
Ты получишь от меня настоящую поддержку. Это он намеревался сказать брату.
Он был уверен, Аврам согласится.
Сарай, его дочь, все время молчала.
Она видела, какие изменения происходят с отцом. И это ее пугало…
Это она попросила Арана не говорить с Аврамом о своем назначении.
Во всяком случае, сегодня.
Она так чувствовала, ей было стыдно за отца.
Аран верил ее предчувствию.
Недаром он был предсказателем.
Он знал, насколько тонка и проницательна его дочь.

Поэтому вечер прошел в тихой беседе.
Спокойно, по-родственному.

***

Летели дни.
Аврам погрузился в заботы о стране и ее народе.
Он обдумывал, какой будет система воспитания, в центре которой находится человек.
Аврам знал, если не изменить человека, ничего не получится.
Он останется таким же, верящим в идолов. Таким же, жаждущим денег, власти. Таким же, ненавидящим других.
Достаточно посмотреть на собственного брата.
Только дотронулся до него огонь изобилия – и вот, он уже сгорает.
Уже крадет у народа.

Что можно требовать от других людей?!
Для них пусты слова – соучастие и поддержка!
Для них не понятно, что значит – стать одной семьей.
Они не знают, что таков Закон и что никуда от него не деться.
Они не чувствуют его. Такими они родились.
Как же разбудить их?! – думал Аврам. – Как объяснить, что вот оно, счастье, оно рядом, только двиньтесь навстречу друг другу, только протяните руку, только поймите: жизнь для себя – смерть, жизнь для других – жизнь.
Но знал он – не поймут.
Не услышат.
Знал, – не помогут приказы.
И знал, что нужно терпение.

В мире правлю я!

Вечером третьего дня месяца кислев[3] Аврам сидел в своей рабочей комнате.
Только что вышли от него ошеломленные жрецы и министры.
Говорили о будущем Вавилона.
Они мало что поняли.

---

3 «Кислев» — вавилонское название «девятого месяца года», как называет его Танах.

То, что предлагал Аврам, было невозможным.
Все смотрели на Нимрода, он сидел тут же, но молчал.

Во время собрания случилось еще одно происшествие.
Вошел брат Аврама, Аран, сел за стол.
Вокруг него образовалось уважительное молчание. И он воспринял это как должное.
Нимрод сказал, что по единогласному мнению Аран будет отвечать за ведение финансовых дел в Вавилоне.
Аврам не смотрел на брата.
– И его первые решения очень мудры, – продолжил Нимрод, не сводя взгляда с Аврама.
– Я считаю, что мы можем брать дополнительную пошлину со всех провинций, – в подтверждение его слов сказал Аран.
Все закивали.
– Я считаю, что мы обязаны выпустить новый слиток, и на нем изобразить великого Нимрода и великого Аврама.
Все согласились.
– Почему ты переехал в новый дом? – спросил вдруг Аврам.
Аран удивленно посмотрел на брата.
– Я давно хотел это сделать.
– Зачем вам такой большой дом? Я слышал, что дочь твоя Сарай не хотела этого.
– В доме решаю я, а не глупая девчонка!
– Этот дом тебе подарили.
– Да. Ну и что?
– Ты его не построил сам и у тебя не было на что купить его.
Все были поражены тем, что разговор происходит в открытую, на глазах у всех.
– У Арана есть особые таланты в ведении финансовых дел? – спросил Аврам и повернулся к Нимроду. – Или он назначен только потому, что он мой брат?
Аран кипел.
– Я считаю, что он способный человек, – ответил Нимрод.
– В моем понимании, за финансы отвечает тот, кто не может взять лишнего себе, видя, что в семье голодают. В Вавилоне есть люди, которые голодают. Их немало. Сначала он обязан позаботиться обо всех, а потом уже о себе.
– Мы учимся этому, Аврам, – попытался успокоить его Нимрод. – Это не так просто.

– Я думаю, Аран, брат мой, что ты должен вернуть дом и возвратиться на свою прежнюю службу, – сказал Аврам. – Уверен, ты поймешь меня.
Аран покраснел. Дыхание его участилось.

– И еще. Сегодня я хотел поговорить о расходах на строительство башни...
Все вдруг застыли.
Нимрод выпрямился.
– На мой взгляд, это неоправданные затраты, – сказал Аврам. – И башня, которая строится...
– Аврам, – Нимрод поднялся. – Дорогой мой, Аврам. – Шагнул к нему. – Дорогой, дорогой, дорогой наш Аврам... Эту башню строю я. И строительство прекратиться не может.
Он повернулся ко всем.
– Все согласны со мной?
Нестройно ответили, что согласны.
И вдруг из-за занавесы появился жрец Биш.
Лицо его как всегда было непроницаемым.
Но уже спокойным.
И безжалостным.
– Мой верный Биш принес весточку от Старика, – сказал Нимрод. – Ты знаешь, что он ответил? Биш, повтори слово в слово, что он сказал.
– Он сказал: «Не выйду». Он сказал, что не верит, что человек может измениться. Он просил передать это Авраму. Старик не верит, что можно говорить об единой семье вот с этими, – Биш провел рукой вокруг себя, – людишками... Так он сказал.
Нимрод выпрямился.
– Как он прав! – произнес Нимрод.
И вдруг стал похож на прежнего Нимрода.
– Я всегда ценил Старика за мудрость. Он понимает, в каком мире живет. Что может быть общего у уважаемого жреца с грязными пахарями? Или с подонками-узниками тюрем и их охранниками, воняющими подземельем?
Да и мы, что далеко ходить, если начнем управлять государством вместе, быть, как ты говоришь, одной семьей, то через день перегрызем друг другу глотки. Закон природы, Аврам, не таков, как ты его представляешь себе. А я-то думал, ты чувствуешь, знаешь, как жить дальше. Думал, может, действительно твой бог такой мудрый.
Но, вижу, что нет. Не такой.
Закон – он прост. Один человек рожден повелевать, другой -подчиняться. Есть только страх. Я заставляю этих тварей, – он обвел взглядом

всех министров, – работать на меня. Я иногда бросаю им кость, иногда даже глажу… Так надо делать, чтобы облизали руку.
Аврам молчал.
Аран испуганно смотрел на Нимрода.
Он вдруг все понял.
Понял, что ему конец.

– Любовь, – продолжил Нимрод. – Ты говоришь, нам надо научиться любить друг друга. Любят того, кого бояться. Я правильно говорю?!
И тут же вырвалось из глоток министров:
– Великий Нимрод!.. Великий Нимрод!..
Они вдруг все поняли. Вот он царь, великий, страшный, настоящий, он вернулся. И им стало легко и покойно от этого.
Нимрод улыбнулся.
Он перевел взгляд на Арана:
– Ну, что ты дрожишь?! Вот, Аврам, посмотри на своего брата Арана, твой брат – пример простого жителя Вавилона. Он продажен. Он сразу надувается, как индюк, и радуется, как собака, когда ей бросают кость…
И крадет! Крадет! Он хочет заполучить все! Дом! Богатство! Должность! Хотя, что он в ней понимает?!
Аран все больше бледнел.
– А ты, наивный Аврам?! Таких, как ты немного. Единицы. А может быть, ты и один такой на свете. Глупый фантазер, желающий переделать мир. Но в мире правлю я. Я – сила и страх. Я живу в каждом. Нет мне замены.

Нимрод повернулся и медленно начал подниматься по ступенькам к трону.
Вот он сел.
Вот взял в руки свой любимый лук.
И сказал:
– Три дня ты провел в печи, Аврам. Я хотел сжечь тебя властью. Я положил к твоим ногам сокровища…
Нимрод вертел в руке стрелу с блестящим наконечником…
– Я проверял тебя.
Все смотрели только на стрелу.
Нимрод натянул тетиву, вложил стрелу.
И направил ее на Аврама…
Аврам стоял, глядя прямо в глаза Нимроду.
Министры попятились.
Аран издал странный звук и сполз на пол.

– Ты выдержал проверку, – произнес Нимрод. – Твое счастье, что ты не хочешь власти. Потому что власть принадлежит мне.

Стрела вдруг направилась на одного из министров.
Тот инстинктивно поднял руки и прошептал.
– Я никогда не отрекался от тебя, великий царь!..
И тут же послышались голоса.
– Мы верны тебе, великий царь...
– Мы готовы на все... что только повелишь!..
Нимрод отпустил тетиву и стрела полетела.
Над головой министров.
В окно.
Над центральной площадью...
Над рынком...
К башне...
К самой ее вершине.
Стрела вонзилась точно в глаз ястребу, который парил над башней.
Но это видел только Нимрод.

Здесь же все смотрели на Аврама, который склонился над своим братом Араном.
Аран был мертв.
– Сгорел, – послышался голос Нимрода.
Нимрод приподнял руку.
Это послужило сигналом.
Палач Сиюта стремительно подошел к двери и перекрыл выход.
– Аврам, Терах, вы можете идти, – сказал Нимрод. – И заберите с собой эту тряпку, – он указал на мертвого Арана.
Отец и сын подняли тело Арана и вынесли из зала.

Палач закрыл за ними дверь и оскалился, показывая пустой рот.
Его огромный тесак поднялся вверх, над головой.
Нимрод оглядел притихших, сжавшихся в пугливый комок министров и сказал:
– Ну что, мои верные подданные, хотели предать меня?

Скорый суд

В течение трех дней страна очищалась.
Суд был скорым.
Трое судей поднимали руки, произносили: «Виновен!»
И опускался топор на шею несчастного.
Ежедневно сотни тел падали в глубокую яму.
Не смолкало кляцанье зубов хищников, раздирающих добычу.
Ежедневно бросали в подземелье тысячи людей.
Защелкивались железные колодки на их руках и ногах.
Жены доносили на мужей.
Дети доносили на родителей.
За донос платили серебром.

Как мог Аврам думать о том, что возможно создание семьи из этого народа?!
Каждый был за себя.
Лез из кожи вон, чтобы угодить царю.
Такими их воспитал царь Нимрод.

***

В доме Аврама стояла гробовая тишина.
Прошли дни траура после смерти Арана.
Кроме семьи, никто не пришел проводить его.
В доме ждали новой беды.
Миновал месяц.
Однажды Амталей пришла с рынка и привела с собой Сарай, дочь Арана.
– Я хочу, чтобы она жила с нами, – сказала Амталей.
Никто не возражал, напротив, были рады.
С появлением Сарай в дом пришел покой.
Это отметил про себя не только Аврам.
Но и Терах.
Сарай была тихая, застенчивая, мудрая.
Не красавица, но было приятно наблюдать за ней, как она говорит и движется.
Амталей делилась с ней домашними секретами.,
Она умела и готовить, и шить. И убирала, не дожидаясь служанки.
Каждый совет Сарай был глубок и к месту.

Не осталось другого выхода у Аврама кроме, как посмотреть на нее пристальнее.
Он присмотрелся и вдруг задумался: а почему бы не попросить ее просто стать моей женой?
Он так подумал, но все тянул, пока не произошел следующий случай.

Как всегда, допоздна задержался у него Сапир.
Аврам пытался объяснить ему, что это такое, когда всем управляет одна Сила. Которая не имеет ни лика, ни рук, ни ног. Как Она всем движет. Почему Она добрая, несмотря на то, что мы этого совсем не видим. К чему Она хочет нас привести.
Аврам объяснял, Сапир кивал, хотя мало что понимал.
И вдруг в середине разговора Аврам метнулся к двери и распахнул ее.
На пороге стояла Сарай.
Она подслушивала. Просто подслушивала!
Покраснела, конечно.
Опустила глаза.
И сказала тихо:
– Я не подслушивала. Я заслушалась.
И Аврам просиял.
– Вот видишь, Сапир. И что ты поняла? – спросил он Сарай.
– Я поняла, что есть одна Сила.
– Так.
– И она – очень добрая.
– Слушай, Сапир, слушай…
– Она весь мир ведет к добру. Но мы сопротивляемся.
– Почему? – спросил Аврам.
– Потому что мы любим только себя… – Сарай смело подняла глаза.
-Думаю, я знаю, что надо делать.
– Что? – спросил Аврам.
– Начать учить людей, рассказать, как постигнуть эту Силу. Этот главный Закон Любви.
Аврам уже в который раз подивился ее мудрости.
– Вот я пытаюсь, – начал было он, но Сарай прервала его.
– Надо, чтобы много было учеников.
– У меня пока не очень получается объяснять, – Аврам развел руками.
– Надо, чтобы много их было. И тогда получится.
– Почему?
– Потому что они поддержат друг друга…
Аврам смотрел на нее, пораженный.
– Когда один будет сомневаться, другой объяснит ему, поддержит.

Надо будет помочь – придет на помощь!.. Когда вместе, всегда легче.
Ведь очень трудно верить в бога, которого не видишь.
Сарай сказала и вдруг засмущалась.
– Мне рано вставать, я пойду, Аврам?
Стояла, словно ждала его разрешения.
– Обещай, что мы будем говорить с тобой об этом, – попросил Аврам.
– Это мое самое большое желание! – она повернулась и быстро исчезла в темноте коридора.

Аврам смотрел ей вслед.
Потом перевел взгляд на Сапира.
Тот сидел с полуоткрытым ртом.
Все это время он молчал, как рыба.
А тут вздохнул и вдруг сказал:
– Лучше жены не найти.

Аврам и Сарай

Долго Аврам не мог заснуть в эту ночь.
Вдруг стало ясно, что Сарай станет ему женой.
«Слушай во всем жену свою, Сару»[4], – услышал Аврам.
И заснул.

Наутро встал и первым делом пошёл к отцу.
– Отец, я хочу, чтобы Сарай стала моей женой. Ты мог бы с ней поговорить?
Отец не успел ответить.
Из-за его спины послышался голос Амталей.
– Я не хотела бы видеть Сарай твоей женой.
<u>Вот от кого Аврам</u> не ожидал сопротивления, так это от матери.

---

4   Пройдут годы и имена наших героев изменятся. Аврам назовется Авраамом, а
Сарай – Сарой. Вот, что об этом написано в Торе, в главе «Лех-Леха»:
 /1/ КОГДА АВРАМУ БЫЛО ДЕВЯНОСТО ДЕВЯТЬ ЛЕТ, БОГ ЯВИЛСЯ АВРАМУ И СКАЗАЛ
ЕМУ… /4/ «Я - ВОТ МОЙ СОЮЗ С ТОБОЮ: ТЫ БУДЕШЬ ОТЦОМ МНОЖЕСТВА НАРОДОВ. /5/ И
НЕ БУДЕШЬ ВПРЕДЬ ИМЕНОВАТЬСЯ АВРАМОМ, НО АВРААМ БУДЕТ ИМЯ ТВОЕ; ИБО Я
СДЕЛАЮ ТЕБЯ ОТЦОМ МНОЖЕСТВА НАРОДОВ»…
 /15/ И СКАЗАЛ ВСЕСИЛЬНЫЙ АВРААМУ: «САРАЙ, ЖЕНУ ТВОЮ, НЕ НАЗЫВАЙ ЕЕ ИМЕНЕМ
САРАЙ, НО САРА БУДЕТ ИМЯ ЕЕ. /16/ И БЛАГОСЛОВЛЮ ЕЕ, И СЫНА ДАМ ТЕБЕ ОТ НЕЕ,
ЦАРИ НАРОДОВ ПРОИЗОЙДУТ ОТ НЕЕ»…

– Почему, мама? – спросил он. – Я видел, что ты с ней ладишь.
– Девушка она хорошая, – ответила Амталей. – Но я слышала разговоры, что боги лишили ее потомства.
– Я хочу жениться на Сарай, – повторил Аврам.
– А я хочу иметь внуков.
– Я женюсь на ней. Мне никто не помешает это сделать.
Амталей поняла, Аврам не сдастся.
Она посмотрела на мужа.
– Я не буду возражать, – сказал Терах и вышел.

Когда Амталей спросила Сарай, согласна ли она, та ответила сразу: «Согласна». Словно ждала этого предложения, словно была уверена, что и не может быть по-другому.
Она чувствовала, что все происходит не по её воле.
Она это чувствовала, а Аврам знал достоверно.
Знал, что не просто так свела их Сила, которую он уже ощущал.
И знал, что без Сарай его путь невозможен.
Так и соединились.
Похоже, что не говорили они о любви.
Их разговор был о предназначении, об ответственности, которая их соединила.

Во время свадьбы, а она была скромная и малочисленная, вдруг загорелся дом.
Он запылал с трех сторон.
Все бросились тушить пожар…

Только Терах остался сидеть на месте.
Он смотрел на Аврама, который был спокоен, будто заранее все знал.
Терах вдруг почувствовал, какое великое чудо и какой подарок небес – его Аврам.
И как его надо беречь.
– Нимрод не оставит тебя в покое, – сказал он Авраму.
– Я это знаю.
– Возьми Сарай, и поезжайте куда-нибудь, на время. Только подальше. Чтобы не нашли вас.
– А как же вы с мамой?
– С нами ничего не произойдет. Я ему еще нужен.
Он поднял глаза на Аврама.
– Я много думаю в последнее время. О тебе… о твоем Боге… о своей жизни. Обязательно поговорим с тобой об этом. Когда ты вернешься.

И снова в путь

Этой же ночью старый Сапир тайно вывел Аврама и Сарай из города.
Путь их лежал снова туда, в горы.
Туда, где все началось для Аврама.
Где ничто не мешает думать.
Где близко сияют звезды.
Где ты находишься внутри природы.
Ты слышишь ее.
Она тебя.
Вот и все.
Туда они шли.

Сарай ничего не спрашивала.
Во всем полагалась на мужа.
Старый Сапир шел быстро.
Они за ним еле поспевали.
Он выбирал заросшие тропы, непроходимые чащи.
Запутывал следы.

И вдруг признался Авраму однажды ночью:
– Аврам, кто-то идет за нами.
Утром следующего дня это подтвердилось.

Они вошли в ущелье.
Оно сужалось с каждым шагом.
Вдруг перед очередным поворотом ворон вылетел из ниши прямо на Сапира, идущего впереди.
Тот отмахнулся.
Сделал шаг…

И Аврам вовремя ухватил его за рубаху.
Земля обрушилась перед Сапиром.
И огромная черная пропасть дыхнула смертью.

Сапир ухватился за край скалы. Пытался отдышаться.
Ворон сидел на плече Аврама и моргал глазками.
– Ему 300 лет, – сказал Аврам испуганной Сарай. – Он любил, когда Сапир кормил его семечками тыквы.

– Так это ты! – воскликнул Сапир. – Как я мог не узнать тебя!.. Ты спас мне жизнь, приятель!..
– Это не он спас тебе жизнь, – сказал Аврам. – Мы просто должны дойти до нашего места.

Сапир полез в карман и вытащил горсть семян.
Ворон перелетел к нему на руку.
И тюкнул клювом в одно из них.

Далее двигались, не торопясь.
Ворон летел впереди, проверяя дорогу.
С ним было спокойнее.

Оставались сутки ходу.
Сапир начал петлять.
Они запутывали следы.
Покрутятся-покрутятся и снова вперед.
А потом вдруг исчезают на пару дней.

И в этот раз, они словно испарились.
Сапир давно знал эту лазейку.
Некогда тут была берлога медведя.
Сейчас они сидели здесь втроем, не шевелясь, и ждали.

Ждать пришлось недолго.
Уже через несколько часов послышался шорох.
Кто-то шел поверху легкой походкой.
Прошла одна тень. За ней другая.

– Они здесь где-то, – послышался голос. Сапир узнал его. Это был шпион Биша – Медан.
– Надо было ослепить старика, – произнес второй.
– Если мы их потеряем, лучше не возвращаться, – сказал третий.

Они прошли.
Вдруг остановились. Вернулись.
Медан приблизил свое лицо к норе.
Принюхался… И пролез внутрь.

Он увидел вдруг глаза Сапира.
И сидящих тут же, Аврама с Сарай.

– Зачем тебе нас убивать? – спросил Аврам.
– Это приказ Биша, – ответил Медан. Он был ошарашен прямым вопросом.
– Я хочу, чтобы всем жителям Вавилона жилось хорошо, – сказал Аврам. Медан молчал.

– Эй, Медан?! – послышалось снаружи. – Ты что, заснул там?

Сапир вытащил нож и пригрозил Медану.
– Нет, – ответил Медан. – Большая берлога. Осматриваю.

Он смотрел на Аврама.
– Я знаю, что тебе открылся Бог, – сказал Медан. – У меня сердце колотится, когда я слышу твои речи.
– Тогда зачем ты следишь за нами?! – прошептал Сапир.
– Не пойди я, послали бы за вами человека-собаку. От него еще никто не уходил.
– Эй, Медан?! – послышалось сверху. – С кем ты там разговариваешь?!
– Я молюсь! – крикнул Медан. Понизил голос и прошептал. – Я давно уже маюсь.
– Врешь!
– Пока не появился ты, я не знал, что со мной. Я так хочу остаться с вами!
– Я ему не верю, – Сапир перекрыл выход своим телом. – И выпускать его отсюда нельзя.

Медан не ответил Сапиру и не испугался.

– Как сделать так, чтобы он остался? – спросил Аврам вдруг. – Как это сделать, Сапир?
– Аврам, ты ошибаешься! – Сапир предпринял последнюю попытку.
– Я хочу, чтобы он остался! – Аврам знал, что делает.

Сапир вздохнул и задумался.
– Спасибо тебе, Аврам, – тихо произнес Медан. – Я не подведу.
– Я знаю, – ответил Аврам.
– Ты сейчас выберешься отсюда, – раздался строгий голос Сапира, – и скажешь своим, что по всем признакам мы пошли к скалистой пустыне. Веди их туда. Через два дня я устрою вам ловушку. Ты погибнешь. Согласен?
– Хорошая идея, – ответил Медан. – И великое счастье!

Он улыбнулся и все увидели, как в темноте берлоги блеснули его глаза.
От чувств, которые он не мог скрыть.
Медан выскользнул вон.
Послышался его голос: «Все за мной! Они в скалистой пустыне!»
И отряд начал удаляться.

Через два дня все произошло так, как предполагал Сапир.
На крутом перевале Медан сорвался со скалы в пропасть.
Его спутники еще покружились несколько дней, но без него они были бессильны.
И начали возвращаться домой, трясясь от страха. Ведь возвращались ни с чем.

А группа Аврама тем временем прибыла к тайному месту в горах, где они должны были отсидеться.
Впервые ночь прошла спокойно.
Медан и Сапир сменялись, сторожа вход в пещеру.

Авраму не спалось.
Сарай понимала, почему.
С того момента, как Сарай своим простым женским разумом подтолкнула его к тому, что надо собрать группу учеников, он стал думать только об этом.
Действительно, мысль проста, но сколько в ней было мудрости.

Аврам просиживал в одиночку и с Сарай дни и ночи.
Говорили они только об этом.
О группе учеников. О том, что вместе проще постичь Закон.
Потому что в группе они поддержат друг друга. Несомненно!
Будут стараться сблизиться. Это главное!

На своем опыте поймут, что такое любовь и ненависть.
И как обняться, когда хочется разбежаться!
И, как найти силы, когда совсем нет сил.

Ах, как же хотелось Авраму начать прямо сейчас, немедленно!
Но он ждал. Дни и ночи блуждал вокруг пещеры, проверяя себя, ожидая решения, которое должно придти не от него.

И однажды Аврам услышал: «Все прегрешения покроет любовь».
Он проснулся с этим.

И понял, вот он – ответ.

Наутро он объявил Сапиру и Медану.
– Сегодня в полночь у входа в пещеру мы начнем наши занятия.
– Я бегу заготавливать сучья, – обрадовался Сапир. – И еще – я сделаю чай из трав. Приготовлю что-нибудь, чтобы подкреплять силы... Нет-нет, не останавливай меня, я знаю, что делаю, ты будешь доволен.

А у Медана от восторга не было и слов, чтобы ответить. Исполнилась цель его жизни, – вот так он чувствовал.

Ночью звезды мерцали над костром.
Шел тихий разговор.

В Авраме жило каждое слово.
Оно рождалось просто, без усилий.
Перед ним сидели Сапир и Медан.
И Сарай неподалеку, но так, чтобы не отвлекать внимания, невидимая никем. Она поддерживала Аврама взглядом, восторгом, мыслью.

Аврам говорил:
– Он хочет, чтобы мы поднялись к Нему. Он находится за всем, что мы видим, о чем думаем... Он за мной сейчас и предо мной. Он – треск костра, падение звезд, стрекот цикад. Он – Закон. И Он – Сила. Он – Любовь. Он – Все. Нет никого кроме Него.

Они переглянулись, Сапир и Медан. Они смотрели на Аврама, как на Бога. Нет, как на Учителя, за которым стоит такая Сила, что захватывает дух.

– Мы должны помочь друг другу, – сказал Аврам. – Подъем к нему требует много силы.
– Что мы должны сделать?
– Поклясться, для начала.
– В чем? Мы готовы. Говори! – Медан горел.
– Что есть у нас цель, – сказал Аврам. – И она – главное. Мы собрались здесь только ради нашей цели – постичь Закон Любви. Возлюбить ближнего, как самого себя.
– Мы согласны, – ответили они в один голос.
– Мы собрались здесь, чтобы заложить основы семьи, – продолжил Аврам. – Для всех, кто решит жить по Закону любви.

– Мы согласны! – ответили они. – Согласны!
Они пылали изнутри этим великим желанием.

Плакала Сарай. Она тихо сидела в отдалении и слушала. Перед ней сейчас закладывались основы нового мира. И она отчелво понимала, что только ради этого и стоит жить.

– Только к Нему мы должны стремиться, – говорил Аврам. – Только в этом поддерживать друг друга. Чтобы жить нам по Его Закону.
– Можно я продолжу, Аврам? – вдруг спросил Сапир. – Мне кажется, я знаю, как закончить нашу клятву…
– Говори…
– И хотя мы находимся еще в начале пути…
– Хорошо, – сказал Аврам.
– Но мы надеемся, – продолжил Медан.
– Мы уверены! – подхватил Сапир.
– Что мы достигнем цели! – Медан встал, так велико было напряжение. – Мы обязательно научимся любить.
– И раскроем всем, – произнес Сапир и тоже встал рядом с Меданом. – Раскроем всем этот Закон!.. Эту Силу!.. Ну, не для себя же мы хотим этого?!

Ах, как светлы были их лица!
Ах, как чисты были их помыслы!
Аврам видел это. И не мог сдержаться.
Он встал и растроганно обнял их.

Звезды мерцали над ними.
Ночь дышала прохладой.
Все они чувствовали – Закон с ними сейчас.
Путь верен.
Главное – держаться вместе.

Этой ночью, 3800 лет назад, закладывалась первая группа в истории человечества. С этого начинался великий переворот Аврама, который изменил мир.

Сарай принесла лепешки, поставила перед мужем.
Руки ее заметно дрожали.
Сначала Аврам дал лепешку ей.
Потом только всем остальным.

Лепешки были сказочно вкусны.
Все посмотрели на Сарай.
– Как вкусны твои лепешки, – сказал Медан. – В жизни своей я не ел такие...
– В них слезы радости, – ответила она.

– Мы продолжим следующей ночью, – Аврам поднялся от костра и сделал шаг в темноту.
Ночь поглотила его.
Сапир двинулся было следом.
Но голос Аврама остановил его:
– Мне надо побыть одному.

Сапир остался.
Но всматривался в ночь, напрягая свое зрение охотника.
Слухом следопыта он старался уловить каждый звук.
Вот издалека раздался рык тигра...
И Сапир прошептал: спокойно, милый мой, это ведь Аврам.
Тут же послышался смех койота...
– И ты помолчи, тоже мне, раскричался, – тихо пробормотал Сапир.

Медан был рядом с Сапиром все время.
Поглядывал на него с опаской, с кем это он разговаривает.

Кто-то метался в темноте.
Чьи-то красные глаза следили за ними.
Но Сапир знал, все это – не опасность для Аврама.

И Сарай знала. Она не спала и была спокойна.

Через час Аврам вернулся, молча лег и укрылся накидкой.
Но прежде, чем закрыть глаза, сказал:
– Сапир, я прошу тебя завтра выйти к дальним горам.
Приведи сюда Шарира и Шелаха. Они нам нужны.
– Пойдем вместе, – ответил Сапир. – Одних я вас здесь не оставлю.

Создание группы

Вершин еще не коснулся рассвет, а они уже поднималась по тропинке к дальним горам.
Впереди шел Сапир, за ним Аврам и Сарай, и замыкал шествие Медан.
Шли бодро.
С каждым их шагом расступалась ночь.

Восемь часов ходу – и они достигли цели.
Уже издали увидели вход в пещеру.
Никто не стерег ее. Странно…
Приблизились тихо.
Два костра горели внутри.
Почему два?!

Сапир остановил всех и заглянул первым.
Костер горел в одном конце пещеры. Перед ним дремал Шелах.
С другой стороны был второй костер.
Шарир подбрасывал сучья в него.

Когда в пещеру вошли все четверо, Шарир увидел их первым.
И воскликнул:
– Идите ко мне!
– Нет, ко мне сначала! – Шелах вскочил с места.
– Я сегодня забил оленя, как знал, что вы придете, – настаивал Шарир.
– Аврам, я не ел уже три дня, я жду вас, любимые мои друзья, – Шелах просил вполголоса, выглядел жалким.
– Я первый их увидел! – закричал Шарир. – Они пойдут к моему костру!
– Нет, ко мне! – простонал Шелах. – Они не могут оставить меня умирать…

– Что у вас тут происходит? – недоуменно спросил Сапир.
– Ты не предпочтешь мне негодяя! – прохрипел Шелах. – Он негодяй!
– А ты вор! – крикнул Шарир. – Ты воруешь у меня еду!
– Да тихо, вы! – Сапир взмахнул рукой.

Но Аврам остановил его.
Он сел на камень посередине пещеры, так и не подойдя ни к кому из них.
– Здесь мы разведем костер, – сказал.
Сапир понял его сразу.

Через несколько минут уже трещали сучья.
Сапир всегда таскал с собой сухие ветки на всякий случай. Вот и пригодились.

Шарир и Шелах следили молча за тем, что происходит.

Аврам сказал:
– Есть один закон – Закон Любви. Только, видите, мы не хотим жить по этому закону…
– Но что им делить-то?! – с болью спросил Сапир.
– Спроси их, – ответил Аврам.
– Ну что вы, как собаки?! – крикнул Сапир. – Почему вы так живете?!
– Потому что он – вор! – выкрикнул Шарир из одного конца пещеры.
– А он – негодяй! – подхватил Шелах из другого.
– Я удивляюсь, как вы еще живы! – развел руками Сапир. – Поодиночке вас могли разорвать ночные звери.
– Пока их раздирают их личные звери, – сказал Аврам. – В каждом живет его личный зверь. И он требует, чтобы именно его кормили и уважали!..
– Что же делать?! – тихо спросил Сапир.
– Оставить их здесь одних, – Аврам вдруг встал и подхватил мешок. – Мне все понятно, мы возвращаемся!..

Встали и все за ним.
Сапир начал засыпать костер землей.

– Эй! – всполошился Шелах. – Вы куда?!
– Нам не нужны такие, как вы, – сказал Аврам.
– Но ведь я умру! – крикнул Шелах.

Аврам двинулся к выходу из пещеры.
За ним остальные.
– Стойте! – крикнул Шарир.
Они, не отвечая, выходили.
Шелах и Шарир, не сговариваясь, бросились вслед.
– Стойте! Вы не можете так уйти! – прокричали они уже в один голос.
Но все молча удалялись, вслед за Аврамом
Шарир забежал вперед, стал на пути.
– Это ты загнал нас сюда! – крикнул он Авраму. – Это ты заставил нас жить здесь!

– Я думал, что спасаю вас от смерти. Но вы принесли смерть с собой, – в голосе Аврама слышалась боль. И еще какая! – Я думал, что вы сможете жить, помогая друг другу.
– Мы пытались так жить, – вставил Шелах.
– Что помешала вам быть добрыми друзьями? – спросил Аврам, – Ну, скажите мне, что?!
– Мы так жили сначала... – пытался продолжить Шелах, – жили, да. У нас был наш дом. Мы построили даже место для хранения пищи. Я придумал такую нишу...
– Ты придумал?! – возмутился Шарир.
– А кто же?! – воскликнул Шелах.
– А кто придумал, что она должна быть овальной формы и на полметра от земли? А кто это все сделал, своими руками, вот этими?!
– Ну, ты сделал, ты!..
– Я же говорю вам, вор! Вор и есть!..
– Сам ты вор!

– Эй вы, успокойтесь! – заорал Сапир. Его трясло от ярости. – Вас от смерти спасли, а вы себя сами угробить решили?!
– А почему он все присваивает себе? Этот изобретатель!
– Тихо! – крикнул Сапир и посмотрел на Аврама.

Тот стоял перед спорщиками, все понимал и знал, что они – его единственные ученики. И знал, что не могло произойти по-другому.
И надо начинать работать с ними.

– Было хорошо, когда вы были вместе? – неожиданно спросил он.
Все удивленно посмотрели на него.
– Ну, когда вы решили жить по-братски, вам было хорошо, вспомните?
Они переглянулись.
– Ведь, вы говорите, так было вначале?..

Шарир отвел взгляд.
– Было хорошо, – тихо пробормотал Шелах. И сам же удивился своему ответу.
Шарир не смотрел на него.
Шелах же продолжил:
– Было хорошо, да, хорошо. Я точно помню свое ощущение. Помню, однажды ночью пошел дождь, я умирал от холода... и Шарир, не спрашивая даже, набросил на меня шкуру, которой сам укрывался.
– И тебе стало тепло, – сказал Аврам.

– Мне стало тепло. Очень...

Шелах посмотрел на Шарира.
Тут же опустил глаза и добавил:
– Рядом со мной был друг... И мне было хорошо с ним.

Все молчали, потому что понимали, настала очередь Шарира говорить.
Он долго не решался.
Но сказал все-таки:
– Месяц назад я поскользнулся и упал со скалы.

Сразу было видно, что говорит он, пересиливая себя.
Вздохнул:
– Шелах искал меня дни и ночи.
Шарир начал громко дышать.
Каждое слово давалось ему с большим трудом.
– Искал... и нашел... в ущелье... Я уже потерял веру, что выберусь оттуда. А он нашел, он тащил меня вверх много часов. Придумал какую-то тележку, – это же Шелах. Но в общем-то тянул на себе. И вытащил.

Шелах смотрел на Шарира во все глаза.
– Вытащил, – повторил Шарир. – А потом обработал рану, закрыл ее какими-то листьями, перевязал жгутами. И менял эту повязку каждый день. И все время спрашивал, как я?!

Тут их взгляды встретились – Шарира и Шелаха.
– Да, – сказал ему Шарир. – Ты даже поймал в капкан двух диких куриц и кормил меня, как маленького, подносил прямо ко рту горячую похлебку, дул, чтобы не было мне горячо.
Они уже не отводили взгляда друг от друга.

– Спасибо тебе, Шелах, – прошептал Шарир.
– Ты столько раз выручал меня, Шарир, – проговорил Шелах.

Сарай всхлипнула. Все-таки – женщина, слезы у них всегда наготове.
Все посмотрели на нее.
Она быстро утерла их рукой.

– Так почему же вы, как враги?! – не выдержав, снова закричал Сапир.
Они переглянулись. И одновременно опустили глаза.

– Я приглашаю всех ко мне, – вдруг произнес Шарир. – Очень прошу не отказать мне в этой чести.
– А, может, ко мне? – предложил Шелах. – А?

– Вот здесь мы сядем все вместе, – сказал Аврам. – Посередине.

Никто, конечно, не возражал.
Быстро организовали трапезу. Это значит, разожгли костер, бросили подстилки на землю.
Шарир принес запасы пищи, все, что у него было, и они с Сапиром приготовили царское угощение.

Это был лучший вечер в их жизни.
Они ощутили, что Сила, которая открылась Авраму, – Сила Любви находится тут, с ними, сейчас. Они хотели, чтобы так было всегда.
Чтобы вот так всегда тепло разливалось по сердцу, чтобы они смело смотрели в глаза друг другу, понимая, что вот он передо мной, самый близкий мне человек, самый дорогой, с которым я постигну Бога, открывшегося Авраму, и я готов возлюбить его больше чем себя. Таким был этот вечер, – лучший вечер в их жизни!

Ночью Сарай сказала Авраму:
– Но так не будет всегда.

Все понимающая, она чувствовала, что к Закону Любви ведут пропасти, падения большие и малые. Иначе быть не может.
Да и Аврам знал это, зло не оставит их в покое. Больше того, оно должно проявиться. Чтобы узнали мы, что это оно ведет нас по жизни, чтобы поняли, нет ни любви, ни братства, а есть зло, на которое мы укладываем всю свою жизнь. Увидели, ужаснулись и захотели бы вырваться от него на свободу.

– Вам нужно какое-то общее дело, – сказала Сарай.
И Аврам уже в тысячный раз подумал: «Как велика моя жена!»

Утром он сообщил всем, – строим палатку.
Решение его приняли радостно, тепло еще горело в их сердцах.

Шелах тут же нарисовал на земле чертеж странной, круглой палатки, какой им еще не приходилось видеть.

Шарир добавил от себя несколько деталей, и Шелах их принял с радостью, они даже обнялись.

Дело закипело.
Единодушно решили – руководить будет Шарир.
Он послал Медана на заготовку шестов.
Сапира на отделку шкур.
Шелаха на планировку площадки.

Аврам очищал место от камней.
Сарай готовила пищу.
Так, в совместной работе, не покидало их ощущение братства.

Несколько дней все кипело вокруг.
Помогали друг другу и гордились, что это возможно.
К вечеру от усталости все падали с ног.
Но находили в себе силы сидеть у костра и слушать Аврама.

Аврам рассказывал им о Едином Боге.
Но, самое главное, он говорил о том, как Его почувствовать.
Что надо сейчас и здесь заложить основы новой жизни.
Заботясь друг о друге.
Вставать и ложиться с вопросом: «Как там мой друг? Какое у него настроение?.. Не надо ли помочь? Поддержать его?»

Он вел их к Закону, Аврам. Он учил их, как над злом, которое живет в каждом, подниматься к любви.

Они ему верили, и в то же время нет. Жило в каждом сомнение, а может быть, мы уже поднялись над злом, а может, оно позорно бежало, не выдержав нашей любви. Мы же живем и работаем вместе! Нам радостно и счастливо…

Так продержались какое-то время.
С этим ложились, с этим вставали…
Было совместное дело.
Были уроки.
Не уходило ощущение братства.

***
Все это время там, в Вавилоне, Терах работал, не поднимая головы.

Потому что как только он ее поднимал, как только начинал осмысливать происходящее, сразу же, как иглы, пронизывали его сердце вопросы:
– Это тот мир, который ты строил?
– Это тот царь, которому ты верил?
– Это тот народ, которым ты гордился?
– Это те боги, которым ты молился?

На все вопросы был один ответ:
«Жизнь прожита зря, если все это – ее результат».
И тут же сама собой возникала другая мысль:
«Похоже, что Аврам прав».

Весь этот период прозрения Терах молчал.
Теперь уже Амталей пыталась разговорить его.
Но он скрывался от нее, боялся, что не выдержит и выдаст свои раздумья.
А он не хотел открывать свое сердце, это было для него равносильно самоубийству.

Когда возвращался со строительства, запирался в своей комнате, на стук не открывал, практически ничего не ел.

Амталей понимала, что с ним происходит, не мешала ему.
Ждала, что однажды он войдет к ней и скажет:
– Амталей, собирайся, мы едем к нашему великому сыну.

Ночь откровений

Первым сорвался Шарир.
Уже который день он был не в себе.
И это видели все.
Предпочитал не оставаться в лагере, а выходить на охоту.
Уже стояла, дыша под ветром, круглая палатка, покрытая шкурами.
Поэтому он мог себе позволить уходить на целый день.

Возвращался, когда его товарищи уже спали.
Тихо ложился.
Тихо вставал.
Так жил.

Вначале Шелах пытался поговорить с Шариром.
Но получил молчаливый отпор.
Когда он спросил Аврама, что делать, то услышал совет, – окружить заботой.

С этого дня, когда Шарир вставал, он находил у своей лежанки горсть орехов, которые любил, или сладкие горные груши, которые можно было найти только в отдаленных, опасных районах.

Однажды он проснулся ночью от чьего-то прикосновения.
Увидел перед собой Аврама.

– Главное – отключить мысли, – сказал ему Аврам.
– Как? – спросил Шарир. – Не могу. Все время одни и те же вопросы. Кто он – это Бог Аврама? Кто его видел?
Шарир приподнялся на своей травяной подстилке, подтянулся ближе к Авраму и спросил:
– Он есть?.. Скажи мне честно, я не выдам тебя.

Ночь была такая тихая!
Небо такое высокое!
Шарир замер, ожидая ответа.

– Его нет, – сказал Аврам.
– Значит, это правда! – выдохнул Шарир.
– Его нет, если ты поддаешься таким мыслям. Ведь это Он сам тебе их посылает. Специально!
– Зачем Ему это?
– Чтобы ты справился с ними.
– Он безжалостен, твой Бог!
Шарир опустил глаза, видно было, как сводит ему скулы от ярости.

– Он дает тебе решение, но ты не слышишь его, – произнес Аврам и поднялся.
– Слышу! – вдруг скривился Шарир. – Он хочет, чтобы я обнимался с вами!
– Он хочет, чтобы ты увидел, что Шелах уже неделю тянет ногу, – ответил Аврам. – У него воспалилось колено. Что Сапир стареет на глазах и ему тяжело заготавливать дрова и убирать вокруг палатки. Что Медан держится из последних сил, но он держится. Он хочет, чтобы ты подумал,

как помочь им? Как не думать о себе, а помочь всем остальным?!.. Как дать им силы?! Шарир, Бог не раскроется нам поодиночке!

Шарир шумно вдохнул воздух и простонал:
– Я слышу тебя... И не слышу.
– Спи, – Аврам дотронулся до его плеча.

Шарир повернулся к стене и натянул баранью шкуру себе на голову.

Эта ночь была самой темной...
Аврам лежал, глядя на далекие звезды.
Они падали и падали, оставляя в небе короткий след.

Вдруг посреди ночи Аврам краем глаза уловил какое-то движение...
Он увидел, как встал со своего ложа Шарир.

Шарир сначала заглянул в лицо Шелаха, потом – Медана, Сапира, приблизился к Авраму.
Аврам сделал вид, что спит.

Через сомкнутые веки увидел, как Шарир подхватил свой мешок... Потом раскрыл мешок Сапира и вытащил оттуда что-то... Аврам знал – это вяленная рыба... у Медана Шарир взял мешочек с солью...

Повернулся и исчез в темноте.

– Я ждал твоей команды, – вдруг услышал Аврам голос Сапира. – Я видел, как ты наблюдаешь за ним, и не решился его остановить.
– Правильно, – ответил Аврам.
– Куда он ушел? – спросил Медан.
– А ты почему не спишь?
– Я профессиональный шпион, – последовал ответ.
– Он взял всю нашу еду, – послышался голос Шелаха.
– И ты тоже?! – удивился Аврам.
– Я придумывал новую ловушку для куропаток, – ответил Шелах.
– Это хорошо, что никто его не остановил, – сказал Аврам.
– Куда он ушел?
– Обратно.
– Надо его остановить!
– Ни в коем случае!

Наступила долгая пауза.
Все лежали на своих подстилках, так было проще говорить. Не глядя друг другу в глаза.

– Неужели нет никаких доказательств? – простонал Сапир.
– Тебе остается только поверить мне, – произнес Аврам.
– Но это так тяжело!
– Знаю.
– Если бы мне не угрожала смерть, я тоже бросил бы все, – вдруг решился сказать Шелах. Это была ночь откровений. – Я ведь человек ученый. Мне нужны доказательства. А их нет.
– Их нет, – ответил Аврам. Это была ночь честных ответов. – Он хочет, чтобы мы сами Его раскрыли.
– Пусть хоть маленькое доказательство даст... Ну, хоть вот такое.
– Не даст.
– У-у-у-у, – послышался стон Шелаха. – Как же жить теперь?!
– Поддерживая друг друга, – услышали они Аврама. – Победить себя мы можем только так. Помогая друг другу. Тогда и Он поможет нам.

Сапир зарыл голову в подушку...
Шелах громко вздохнул.

– А я верю тебе! – Это сказал Медан, который все это время молчал. – Он есть и раскроется нам. Я верю. Разве это плохо?!
– Это хорошо, – ответил Аврам. – Но и тебя посетят сомнения.
– Я не сдамся.
– Один – сдашься, – жестко сказал Аврам. И добавил. – Перед нами тяжелые дни борьбы. Набирайтесь сил.

Недели за неделями в лагере Аврама проходили в учебе и борьбе.
Все старались. Всем понятен был принцип единства.
Поддержки друг друга.
Такой он – Бог Аврама. Такими же Он хочет видеть нас.
Будем такими – Он нам раскроется. Не будем – нет.

Каждый старался.
И каждый – по-своему.

Шелах, например, искал формулу, чтобы раскрыть сердца.
Ученый, который мог решить любую задачу сам, он стал насильно учить себя думать о товарищах.

Раньше смешны были эти мысли, а сейчас благословенны.

Как проникнуть в эту свою голову и повернуть этот рычажок, который отключит мозги?! – думал он. – Как подключиться к сердцу?!

Он искал формулу: как отключиться от собственного разума и подключиться к высшему.
Он все записывал, Шелах, он ведь был ученым! Он вел дневник.
Первым не прыгал к столу, хотя был голоден, как зверь. Записывал: «Сумел сдержаться».
Лучшие куски еды отдавал, и это тоже стоило ему «крови».
Зато радовался, когда возникала в дневнике новая запись – «отдал».
Все ловушки для зверей, которые изобретал и изготавливал самолично, дарил Сапиру.
«И нисколько не жалко», – писал и радовался.
Подстилку свою, легчайшую, из пуха черного гуся, отдал Медану.
Тут же записал: «Подумал, что ему будет мягко и удобно, пусть!»
В разговорах с товарищами не перебивал, слушал, хотя еле сдерживался.

Результаты усилий Шелаха проявились через неделю, где-то под вечер.

Дымилась похлебка на огне.
Ели все вместе, как всегда.
Медан спросил Аврама: нужно ли думать друг о друге и во время еды?..

И тут Шелах вскочил и с размаху поддел ногой котел.
Еле успели отскочить в сторону.
Сапиру ошпарило руки, он сидел ближе всех.

– О чем ты спрашиваешь?! – заорал Шелах. – Ешь и не думай, кретин!
– Что с тобой? – удивился Медан.
– Я не могу слушать этот бред, ты понял?!..

Шелах вдруг схватил ловушку для птиц, лежащую здесь же, у костра, и ударил ею о стену:
– Всё!

Рванулся внутрь палатки, подцепил ногой подстилку Медана.
И вспорол ее ножом.
Пух полетел, как снег.

Стоя в этом снегу, Шелах выл:
— Я выложился! Я был подстилкой вам всем! Я отдавал все, что было у меня! Где Он?! Я тебя спрашиваю, где Он?! Где Он, твой Бог?!

Вой перешел в вопль, Шелах не мог сдержаться никак.
— Что Он хочет от нас?! Какой еще любви Он хочет?!.. Это ты привел нас сюда, так говори же! Молчишь?! Он хочет, чтобы мы перебили друг друга! Вот чего Он хочет, твой Бог!?

Аврам молчал.
И все молчали, глядя на него.

Шелах вдруг обессиленно опустился на песок тут же, у костра.
— Он не успокоится, пока не изведет нас, – простонал он.

Молчание длилось вечность, казалось.
Все вокруг ожидало ответа. И костер горел не слышно, и цикады замерли, и звери ночные не издавали ни звука.

— Я все отдавал вам, – простонал Шелах. Слезы катились по его щекам. – У меня ничего не осталось, ничего...
— Он придет тогда, когда ты захочешь Его не для себя, – сказал Аврам. – Для Сапира. Или для Медана. Но не для себя, – Аврам встал на ноги. – Ты устал, Шелах. Ты выложился. Но ты не сдашься, я знаю. Давайте ложиться спать.

Он первым лег в своем углу.
Вслед за ним и все легли.

Ночь прошла без сна, в тревожных мыслях, скрежете зубов.
Поднялись с опухшими глазами.
Каждый за ночь прожил жизнь.

Сапир молча готовил еду.
Шелах лежал, не двигаясь, его никто не трогал.
Медан готовил место для урока.

Сарай примостилась неподалеку. Не приближалась, была очень тиха.

Начали урок.
Он был о молитве.

О том, что Бог слышит только разбитое сердце.
Это молитва не за себя, а за товарищей.
Чтобы у них хватило сил и уверенности в пути.

Был тихий урок.
Никто не задавал вопросов.
Все, казалось, ясно.

Ясно, что это невыносимо тяжело!
Но так прекрасно.
Ясно, что таков он, Бог Аврама, который не думает о себе.
Поэтому такими должны стать и мы.

Нож у горла

Потянулись недели, месяцы, прошел год.
В постоянной борьбе и учебе.
Иногда ученики Аврама сливались в одно целое так, что представлялось, вот-вот Творец раскроется им.
Иногда не могли и смотреть друг на друга.
И тогда им на помощь приходил Аврам.

Что происходило с ним самим?
Не рассказано об этом.
Только Сарай все видела и знала.
Только с ней он делился самым сокровенным.
И болью своей, и тревогой, и радостью, и тем, что стало ему абсолютно ясно за последние дни, – нужны еще ученики! И как можно больше!

Шли месяцы. Прошел еще год. А люди все не приходили.

И вот однажды ночью чья-то тень коснулась стены.
Все спали.
Откуда-то ко всем пришла уверенность, что ничего плохого не может случиться. И даже Сапир, – охотник и следопыт, заснул у костра.
Сегодня он должен был поддерживать огонь.

Так вот, кто-то вошел в пещеру.

Кто-то приблизился к Авраму, видно, знал, где тот спит.

Аврам спал, повернувшись к стене.

Человек достал из-за пазухи тонкий шнур…
Удавка блеснула в угасающем огне костра.
У человека были умелые руки.
Он набросил удавку на шею Аврама и резко затянул ее.

Аврам дернулся и сделал попытку перевернуться.
Человек уперся ему коленом в спину и затягивал туже и туже…

Аврам и не бился больше.
Как-то сразу затих.
Человек развернул его к себе.

…И вдруг увидел лицо Аврама в свете костра.
Лицо было спокойным, ничто не выдавало удушения.
Только не было признаков жизни, – вот и все.

Человек увидел лицо и отпрянул!
Он ударился спиной о камни и вдруг завыл.
Протяжно, как волк.

Проснулся Сапир, вскочил со своего места.
В руке Медана сверкнул кривой нож.

Человек выл.
Человек этот был Хадад. Разбойник.
Он стоял над Аврамом и выл. От ужаса и боли. От страшной ошибки, которую уже нельзя было исправить.

Медан сразу увидел удавку на шее Аврама.
И вот он уже готов был перерезать горло Хадада.
Мгновение…

Но в это мгновение Аврам открыл глаза и отчетливо сказал:
– Не трогай его.

Медан замер.
Своим ножом он порезал только кожу на шее Хадада.

Аврам сел.
Хадад сполз по стене на землю.
– Я ведь задушил тебя, – прохрипел он.
– Получается, что нет.
– Это чудо? – спросил Хадад .
– Нет чудес в этом мире.
– Тогда почему ты жив?
– Мне надо еще много рассказать людям, – ответил Аврам.
– Фу-у-у, – выдохнул Хадад. – Я бы не простил себе…
– Кто послал тебя?! – резко прервал его Медан.
– Я не знал, что это ты, Аврам, – простонал Хадад.
– Врешь! – крикнул Сапир.
– Как ты дошел сюда? – вмешался Медан. – Кто указал тебе дорогу?
– Тот, кто послал меня, знал, что вы здесь. Он даже сказал, где будет спать тот, кого надо задушить… Какое счастье, что боги остановили меня… какое счастье, – бормотал Хадад.
– Надо менять место, – решительно вмешался Сапир.

– Какое счастье, – слышались причитания Хадада.
– Ты можешь остаться с нами, – сказал вдруг Аврам.
– Этот убийца?! – не удержался Медан.
– Ты нас долго искал, – Аврам коснулся плеча Хадада. – Я знаю.
– Всю жизнь… – пролепетал тот.
– Оставайся.
– Ты разрешаешь мне остаться? Мне?!
– Конечно.
– Мы готовим трапезу, – сказал Аврам. – Мы рады, что ты к нам присоединяешься…

Все посмотрели на Аврама… И вдруг согласились.
Все как-то сразу приняли решение Аврама, хотя мгновение назад готовы были разорвать Хадада.

Они сидели вокруг костра.
Дымился котелок.
Сарай приготовила горячую похлебку…

И Аврам говорил.
Говорил о том, что, конечно же, в этом мире нет любви.
– Это для меня не секрет, – поддакивал Хадад.
О том, что зло правит миром.

– Есть только зло, – Хадад соглашался. И еще как!
– Но зло это в нас.
– Я злой человек, – подтверждал Хадад.
– И, если мы не исправим зло, много крови прольется.
– Пусть сгорит этот мир, – вдруг оскалился Хадад. – Нет в нем ничего, кроме страданий.
– Но эти страдания привели тебя сюда, – возразил Аврам.
– Это самый счастливый день в моей черной жизни, – ответил Хадад.
– Но привели тебя страдания, – повторил Аврам.
– Они.
– Значит, не зря они были даны тебе.

Хадад молча смотрел на Аврама.
Начинал понимать.

– Мне тяжело в это поверить, – прошептал Хадад. – Но я знаю, что ты раскрыл Бога.
Хадад смотрел на Аврама. Это был не вопрос, а утверждение.
Все замерли.
– Кто сказал тебе об этом? – спросил Аврам.
– Сердце мое. Оно в шрамах и не ошибается.
– Что еще оно говорит тебе? – спросил Медан.
– Что я останусь здесь навсегда, – ответил Хадад тихо.

Аврам налил жидкой похлебки в деревянную миску и протянул ее Хададу.
– Ешь. Тебе надо подкрепиться. Наш путь требует силы.

Первая десятка

С этого дня начинается новый период в жизни маленькой группы Аврама. Группа начинает расти стремительно!

Или услышав молитву, или потому, что время наступило, или почувствовав, что там, в горах у Аврама, раскрывается любовь, один за другим начали приходить ученики.

Пришел Ктура – молодой юноша, инвалид от рождения, оставленный родителями.
Прежде, чем прийти сюда, он убедился, что все жрецы и прорицатели – лгуны и воришки.
Он и сам побывал и черным магом, и ясновидящим.
Но вот однажды услышал Аврама.

Толпа гнала Аврама по улице, улюлюкала вслед.
– Кто он твой бог?! – кричали ему, крутили пальцем у виска, несчастные людишки. – Покажи нам его!
– Нет никого, кроме Него, – говорил Аврам. – Он – Сила. Он – Закон. Он – Всё!

Упало сердце Ктуры, когда он услышал эти слова.
– Вот ты и нашел его, Ктура! – услышал он свой же голос.
И рванулся сквозь толпу вслед за Аврамом.
Но не расступились люди.
Не раздвинул он их своими вывернутыми руками.
Не успел прорваться на своих кривых ногах…
А к вечеру Аврам исчез из Вавилона.

С того момента Ктура искал его непрестанно.
Прошел города, пустыни, страх и отчаяние, пока через три года не нашел Аврама.

На следующий день после Ктуры появился Вавила.
Да-да, непримиримый судья Вавила вошел в пещеру.

Куда делся его живот?! Он был худ неимоверно.
Куда подевалось его величие?! Он был тих и принижен.
А куда исчезла его уверенность?! В нем жила только покорность и просьба.

– Судья Вавила умер, – еле слышно произнес он. – Не гони меня. Я долго тебя искал, Аврам.
Оказалось, что и он, судья Вавила, у которого было все в этой жизни, и он, оказывается, потерял покой, услышав Аврама тогда, во время судилища.
– Я почувствовал за тобой такую силу, что, помню, потерял дар речи, – тихо произнес Вавила. – Мне надо было объявить приговор, а я молчал. Ты не боялся Нимрода. С тобой была истина, перед которой все – прах

и пепел. С тобой был твой Бог. С этого момента вся моя жизнь – поиск встречи с тобой.

– Мы рады тебе, – сказал Аврам. – Добро пожаловать в нашу семью!

А еще через семь дней Аврам обнял своего отца Тераха и мать Амталей. Это была трогательная встреча.

Амталей робела перед сыном. Она уже давно видела в нем будущего учителя.
Он же обнял ее, как раньше, поцеловал руку отцу, поддержал, когда у того подкосились ноги.

– Отец, я так ждал тебя, – сказал Аврам.
– Я думал, не доживу, – Терах старался не смотреть на сына. – И не успею сказать тебе… Прости меня, Аврам.
– Отец…
– Я принес тебе много зла.
– Я благодарен тебе за это великое добро, которое ты называешь злом.
Терах смотрел на Аврама и видел перед собой открытое его лицо, и чувствовал правду в каждом слове.
– Сынок, я не хочу расставаться с тобой, – сказал он.
– Мы не будем больше расставаться.
Глаза Тераха наполнились слезами. Он хотел еще что-то сказать, но слезы мешали.
– Ты поможешь мне? – прошептал он.
– Конечно, отец. Потому что теперь мы вместе. До конца, – сказал Аврам.
Старческие руки обвили шею Аврама, Терах повис на нем, не слушались ноги, сердце выпрыгивало от счастья. Они оба плакали, отец и сын.
И все не могли сдержаться, даже разбойник Хадад.

А на следующий день вернулся Шарир.
Это произошло очень естественно.
Он пришел и сел на свое место, словно и не уходил никуда.
И приняли его, словно все эти дни он сидел здесь, только вышел проветриться.

Завершение всей цепочки приходов было неожиданным.
Вечером, когда тени поползли по стенам, через расщелину на входе в пещеру вошел некто.

Он появился, как видение.
Стоял, всматриваясь в удивленные, испуганные лица учеников Аврама и скалился.
– Кто ты? – угрожающе спросил его Медан. – Откуда? Как нашел это место?
Хадад успел выхватить лук и вставить стрелу.

Аврам поднял руку, подошел к человеку и склонился перед ним в почтительном поклоне.
Потом объявил всем: это – Старик. Тот великий человек, который знал счастье – жить одной семьей. Здравствуй, Старик.
– Прошел слух, что ты собираешь учеников, – произнес тот. – Вот я и пришел.

Так собралась первая, уже настоящая группа Аврама, состоящая из десяти мужчин и двух женщин.

Уроки стали постоянными.
Аврам говорил о том, что проявлялось в нем в данный момент.

Например, в первые дни он говорил о «точке в сердце».
О том желании, которое не погасить ничем.
Аврам объяснил это просто.
Нам не дает покоя Творец.
Есть у нас запись в сердце.
Живет в нас искра любви.
Не успокоимся мы, пока не раскроем Его.
И не важно, кто мы – бедняки, богачи, инвалиды, разбойники.
Все мы равны перед Ним.

Слушали его все, затаив дыхание.
Каждое слово пропускали через «точку в сердце» – через эту искру любви, поэтому и не было сомнений, сопротивления, а только восторг.

Мы – первые, – говорил Аврам.
Мы – народ точек в сердце. Народ Единства.
Я не знаю, как назовется этот народ, но великая ответственность будет лежать на нем. Не будет ему покоя и отдыха.
Потому что должен он принести в этот мир Единого Бога.
А это значит, должен сам научиться жить по Его закону – Закону Любви.
Закону Единства. Ведь это и есть Бог.

Научиться, и мир научить.
Так говорил Аврам.

Никто не возражал ему и в этот осенний вечер.
Легкий ветер подгонял тучи.
Луна появлялась и исчезала, словно подмигивала.
Хорошо было, так хорошо!

С этим разошлись спать.

Битва Аврама

…А наутро пещера была окружена.
Шпионы Биша сделали это так незаметно, что ни Ктура, ни опытный Медан, ни даже разбойник Хадад ничего не почуяли.
Счастье усыпило их.

Очнулись, когда стрела, пущенная сильной рукой, воткнулась в котелок, который Сарай поставила на костер.
Все вскочили со своих мест.

Тут же задвинули вход огромным камнем.
Был уже раньше разработан план бегства через расщелину в скале, которая заранее была расширена и выводила прямо в долину.
Уже придвинулись к ней, но услышали голос Старика.
– Бесполезно, – произнес он. – Они перекрыли все выходы.

В пещере слышался вой воинов Биша. Он доносился отовсюду.
С гор, из пустыни, из долины…
Вот из-за скал показались войска. Они в мгновение ока заполнили все пространство.
И остановились, не доходя, следуя приказу жреца.

Он гарцевал перед войском на черном коне.
Это он выкрикнул:
– Вы окружены. Все выходы перекрыты. Никто из вас нам не нужен, даже предатель Терах не нужен. И Старик, эта развалина, тоже. Нам нужна голова Аврама. Если вы его не выдадите, все погибнете. Мы приготовили

горячую смолу, которая потечет на вас из той норы, которую вы себе прорыли. Аврам, ты слышишь меня?! Если ты выйдешь, они останутся в живых.

Аврам встал.
И тут же перед ним выстроились все. Все до единого!
Они даже не уговаривали его, они стояли так, что понятно было, – не отойдут.

– Я всю жизнь искал тебя, – проговорил Ктура.
Хадад придвинулся ближе:
– Мне надо было умирать от голода и стрел, чтобы найти тебя.
– Ясно, что ты никуда не пойдешь, – отрезал решительно Медан.
– Нам ведь умереть просто, – сказал Сапир. – Потому что жизнь без тебя не имеет смысла.
– Глупо выходить, – кивнул Старик.
– Должно быть другое решение, – проговорил Шелах. – Надо думать.
И он взялся рукой за голову.
– Думай, Шелах, думай, – повторял Шарир. – Я тебя знаю, именно в таких ситуациях твоя голова начинает работать особенно быстро.

Шелах пытался что-то придумать, но не мог, заклинило, слишком велика была опасность для Аврама.

Аврам оглядел их всех.
И сел, так и не сказав ни слова.

Пауза затянулась.
И тогда снаружи раздался насмешливый голос Биша:
– Аврам, как же так? Ты говоришь о любви к ближнему! А сам?.. Я знаю, они не пускают тебя. Прикажи им отойти, будь воином и мужчиной, а не тряпкой.

Аврам молча сидел и смотрел на своих учеников.
– Я выйду, – сказал Терах. – Все-таки я был первым министром.
– Биш ненавидит тебя больше Аврама, – сказал Медан. – Ты и двух шагов не успеешь сделать. Биш стреляет не хуже Нимрода.
– Тогда выйду я, – сказал судья Вавила. – Уж меня-то…
– Уж тебя-то точно никто не пожалеет, – остановил его Медан.

В это время послышался шум снаружи.

Это войско придвинулось к пещере.

Сапир схватил лук и укрылся у небольшого отверстия.
За ним последовали все. Выстроились у входа.

Воины Биша начали подниматься по склону. Сотни, тысячи, – туча их сноровисто карабкалась по камням.
Они приближались.

Все в растерянности оглядывались на Аврама.
А он был спокоен, как никогда.
– Почему ты спокоен? – спросил Вавила. – Научи нас.
– Ты не боишься их, – сказал Хадад. – Я понимаю тебя. И я не боюсь их.
Он сел напротив Аврама. Так сел, что закрыл его собой от входа.

И тогда все начали садиться.
Старик сел рядом с Аврамом.
Аврам сказал:
– Садитесь в круг. Замкните его. Женщины, садитесь за нами.
Сейчас мы проведем урок.

Они сделали все, как он приказал. Смотрели на него во все глаза.
Еще бы, спокоен, излучает силу и даже радость.

– Этот урок будет о том, что если мы хотим почувствовать Творца, мы должны стать такими же, как Он. Он – един. И мы должны стать едины. Он – любовь. И мы соединяемся в любви. Мы не думаем о себе. Да ее и нет, нет жизни для себя. Мы думаем о Великой Доброй Силе, которую притягиваем сюда. Если бы вы знали, как Она этого желает!
– Нас десять, – сказал Аврам. – Десять соединенных, десять равных, десять, направленных к Единому Творцу. Десятка меняет мир.
Сказал, и вдруг закрыл глаза. Долго молчал. Потом произнес:

«…Десять сфирот скрытых – выглядят как вид вспышки, назначение их описать невозможно… десять сфирот скрывающих – искрящиеся, конец их – в начале, их начало – в конце, как пламя держащееся на угле, их хозяин Един… Нет никого, кроме Него».[5]

---

[5] Авраам «Книга Создания».

С одной стороны, это произнесли его уста, Аврама. С другой стороны, это не он говорил, нет. Такое было ощущение у всех.
Логика, разум не включались, не было им здесь места.
Исчезала реальность...

Аврам открыл глаза и сказал Старику:
– Я прошу тебя рассказать, как был построен ковчег.
Все перевели взгляд на Старика. Ни в ком даже не родился вопрос, почему Аврам спрашивает о ковчеге? И именно сейчас.
Все готовы были слушать.
Они только плотнее сжали круг.

И Старик начал спокойно:
– Потоп пришел, чтобы уничтожить людей. Потому что не были они одним сердцем, каким хотите быть вы. Они не ладили друг с другом, они не смотрели друг другу в глаза. Такое время наступило. Змей проснулся в каждом и пробудил зло. Была семья и распалась.

Хадад обнял Медана, Ктура – Сапира, тот – судью Вавилу. Все вдруг обнялись. Все десять.
Обнялись и Амталей с Сарай.

Тем временем воины Биша карабкались по камням, ко входу в пещеру.

– И тогда Ноах сказал, – продолжал Старик, – потоп уничтожит тех, кто не поднимется над злом. Тот, кто готов к подъему, тот не погибнет, вас я зову.
Пришли самые мужественные. Вода прибывала.

И воины Биша тоже, как грязная вода, уже стекались ко входу.

– Потоп погубил тех, кто не смог подняться над собой, – отрезал Старик. – Кто поднялся над злом и ненавистью, поднялся к Любви, тот поднялся и над водами потопа.
– Это и называется ковчегом, – вдруг послышался голос Аврама. – Не потонуть во зле, а подняться над ним. Это мы сейчас и делаем.

Воины Биша уже вбегали в пещеру...
Они рыскали по всем углам.
И недоумевали. Они не находили ни-ко-го!

Биш повел носом, у него был безошибочный нюх.
Но в этот раз он подводил.
Биш ничего не чувствовал.

– Куда они могли деться?! – прорычал он. – Куда-а-а?!

А они сидели, – вот они, – тут же, напротив, никем не замеченные.
Потому что, действительно, они были не здесь.
Здесь был страх каждого за себя.
Они же думали друг о друге.
Здесь были ложь и пустота.
Они же шли к правде, потому что Единство – это правда.
Радостно они шли.
Потому что путь к Единому – радостен.

И не понять разумным и не постичь верящим в чудеса, что не было никакого чуда.
Просто и одни, и другие жили в мирах, которые не соприкасаются.

Мир любви к себе. И мир любви к ближнему. Не соприкасаются они!
Мир идолов. И мир Единого Творца. Нет между ними связи.

Над силами зла плыл ковчег, который они создали.

Об этом рассказывал Старик.
К этому привел их Аврам.
Они оторвались от земли.

Выл Биш, ничего не понимая.
Водили рыбьими глазами его воины. Ничего не понимали тоже.
Вот он, горит костер, вот она, их одежда, еще не остыли шкуры, на которых они сидели. А их нет. Как это может быть? Что за бред? Не иначе, не обошлось здесь без бога черной магии Пахды.

Наверное, кто-то произнес его имя.
Потому что все вдруг попятились.
И вправду, Пахда! Это точно он!
«А еще о нем говорится, что он может навести порчу или ослепить навек, или высушить правую руку, видели мы такое у наших нищих, висит, как сухая ветвь рука…», – так перешептывались смелые воины Биша и отступали.

И он тоже, Биш. Хотя и крикнул им: «А ну, стоять!»
Но попятился сам.
Потому что услышал какой-то шепот, доносящийся из ущелья.
И не понял сразу, что это просто ветер заблудился в сухих травах. Он услышал: «Это я, Пахда! Пахда!» – и отступил.

Аврам и его ученики поднимались к Любви.
Творец говорил с Аврамом.
И получалось, что там, внизу, был страх, а здесь – любовь.
Там был придуманный Пахда, а здесь – Единственный, нет другого, – Закон Любви.

Аврам передавал «слова Творца» ученикам.
И все они точно знали, что это – Истина.

А трусливые воины Биша бежали через камни, падали и кричали: «Пахда! Пахда!»
И ничто не могло их остановить...

Кроме Нимрода.

Он вдруг вышел из-за укрытия, в котором находился все это время.
Оказывается, он был здесь, хотел остаться незамеченным.
Не удалось.

Нимрод поднял руку, и они остановились.
– Куда бежите, смелые воины? – спросил. – Верные воины царя Нимрода. Куда?
Они дышали громко, запыхались так, что не могли говорить.
– Вы потеряли дар речи, мои великие воины?
– Там... никого... нет, – прошептал кто-то.
– Там... Пахда, – добавил другой.
– Пахда?! – выдавил Нимрод и глаз его недобро блеснул.
Биш знал этот блеск и первым попятился.
– Стоять, Биш, – произнес Нимрод. – Ведь и ты бежал.
Биш покорно опустил голову.
– Что там? – спросил его Нимрод.
– Они там, – объяснил Биш. – Но их нет.
– Яснее говори! – скомандовал царь.
– Мы их не видим. Но они там, – повторил Биш.

– Еще яснее.
– Они могут исчезать.
– Как?
– Не знаю.
– Ты ведь жрец.
– Это выше моего понимания.

Кривая улыбка появилась на лице Нимрода.
Он уже не смотрел на своих воинов.
Двинулся к пещере.
Он шел один – широко, размашисто.

Ему вслед смотрело испуганное войско.

Он остановился недалеко от входа.
И сказал:
– Я хочу говорить с тобой, Аврам. Я – царь Нимрод.
Тишина стояла величайшая.
– Я ничего тебе не сделаю, обещаю.

Из пещеры вышел Аврам.
Он начал медленно спускаться вниз, навстречу Нимроду.
Подошел.
– Вот я, – сказал Аврам.
– Где ты был? – спросил Нимрод. – Мой верный Биш и его смелые воины дрожат от страха.
– Они не видели нас.
– Но вы были там?
– Да.
– Почему они не видели вас?
– Тот, кто ненавидит, не видит того, кто любит.
– Не понял.
– Я не смогу тебе этого объяснить.
– Вот как?
– Да.
– Для этого надо стать твоим учеником?
– Да.
– Я им не стану?
– Ты не сможешь им стать.
– Ты высокомерен, Аврам.
– Нет, просто это усилие не для тебя.

– И убить я тебя не смогу?
– Нет.
– Но ты знаешь, что ты мне мешаешь? Ты понимаешь это?
– Понимаю.
– Я позволяю тебе уйти. Забрать их всех и уйти.
– Мне мало их.
– Чего ты хочешь?
– Чтобы меня услышали.
– Такие же сумасшедшие, как ты?
– Сколько есть. Я не хочу оставлять их в Вавилоне. Ни одного.

Нимрод не отвечал. О чем он думал в этот момент? О том, как Аврам смеет ставить условие царю?! Или о том, что нельзя его убить? Или, может быть, о том, что этот Аврам действительно велик? И что он не раскроет свой секрет...

– Что ж, я дам тебе возможность провозгласить себя, – наконец сказал Нимрод. – Выпущу каждого, кто захочет уйти с тобой. Такие не нужны моей стране, строящей великую башню. Они не строители и не вавилоняне, они такие же недоумки, как ты. Те, кто не верит в меня, в реальность, – пустые люди. Они мне не нужны.
– Я заберу их.
– Договорились.

Нимрод пристально смотрел на Аврама. Тот не отводил взгляд.
– Неужели ты думаешь, что из них что-то выйдет?
– Только из них.
– Из плакс, тоскующих неизвестно по чему?
– Да.
– Из этих разуверившихся в жизни?
– Именно.
– Не верящих в силу?
– Верящих, но в другую силу.
– В твои россказни о любви к ближнему?
– Да.
– Меня передергивает от таких.
– Я знаю.
– Ты безумец, Аврам, продавец несбыточной мечты. Мир не пойдет за тобой. Он пойдет за мной. Я реален, мой мир можно увидеть. Пощупать, почувствовать... А твой?

Нимрод повернулся и пошел прочь.
Бросил через плечо:
– Я прикажу, чтобы тебе никто не мешал. Месяца тебе хватит, чтобы обойти всю страну.
– Я уйду, когда почувствую, что меня слышали все.
– Ха-ха, что ж, я не возражаю. Хочешь, глашатаев разошлем?
– Нет, это буду делать я.

На следующее утро Аврам и его ученики вышли из пещеры.
Им никто не мешал, их никто не преследовал.

Также беспрепятственно они вошли в город.

Отсюда начинается уже новая история об Авраме и его учениках.
О том, как месяцы, годы он бродил по стране.
Ставил свои палатки на караванных путях.
Не отчаивался, когда люди запирали перед ним двери своих домов, или презрительно плевали ему под ноги...
Потому что знал, для этого нужен другой слух.
Не через ушные раковины, а через сердце.
Знал, ему нужно собрать всех, готовых его услышать.

Так и собралось вокруг Аврама несколько десятков тысяч человек.
Никчемных, как говорил Нимрод, недоумков.
На самом же деле, измученных жизнью, в которой они не видели смысла.

Они услышали Аврама.
Он был для них, как глоток воды, когда умираешь от жажды. Когда нет уже надежды, безжизненная пустыня... И вдруг – родник!

Эти люди готовы были бросить все с радостью.
Они-то и пошли за Аврамом, когда настало время.

Они покидали страну, не оглядываясь.
На них смотрели с удивлением, презрением, грустью, тоской, на этих сошедших с ума, бросающих все, – безбедную сытую жизнь, профессию, будущее, благополучие...

Длинная цепочка людей растянулась вдоль гор.
Они уходили.

Впереди их ждал очень долгий путь.
И самое главное, впереди их ждало великое испытание.
И новое имя, которое будет дано им.
Исра – Эль! – Прямо к Творцу.[6]

Но об этом в следующих книгах об Авраме и его учениках.

---

6   Исра (арамит) – прямо, Эль – к Творцу.

Международная академия каббалы
под руководством д-ра Михаэля Лайтмана

http://www.kabacademy.com/
Крупнейший в мире учебно-образовательный интернет-ресурс, бесплатный и неограниченный источник получения достоверной информации о науке каббала.
Миллионы учеников во всем мире изучают науку каббала.
Выберите удобный для вас способ обучения на сайте.

Контакты в Израиле:
тел.: 035419411
email: campuskabbalahrus@gmail.com
Facebook: https://www.facebook.com/campuskabbalah

Углубленное изучение каббалы

http://www.zoar.tv/
Каждое утро на сайте ведется прямая трансляция уроков каббалиста, д-ра Михаэля Лайтмана для всех, кто занимается углубленным, ежедневным изучением науки каббала и исследованием каббалистических первоисточников.
Видеопортал Зоар.ТВ располагает уникальным контентом: фильмы, телевизионные и радиопередачи, статьи.

Интернет-магазин
каббалистической книги

Все учебные материалы Международной академией каббалы основаны на оригинальных текстах каббалистов.

Израиль:
http://66books.co.il/ru/

Россия, страны СНГ и Балтии:
http://kbooks.ru

Америка, Австралия, Азия
http://www.kabbalahbooks.info

Европа, Африка, Ближний Восток
http://www.kab.co.il/books/rus

Семён Винокур
БИТВА АВРААМА
роман-притча

Технический директор: *М. Бруштейн*.
Редакторы: *Э. Сотникова, А. Постернак*.
Научный редактор: *В. Хачатурян*.
Корректура: *Ю. Дмитренко*.
Верстка: *Ю. Дмитренко*.
Оформление: *А. Мохин*.
Выпускающий редактор: *С. Добродуб*.

ISBN 978-965-7577-75-2
DANACODE 760-120

www.ingramcontent.com/pod-product-compliance
Lightning Source LLC
LaVergne TN
LVHW041935070526
838199LV00051BA/2791

www.ingramcontent.com/pod-product-compliance
Lightning Source LLC
LaVergne TN
LVHW041935070526
838199LV00051BA/2791